U0571522

旅游服务设计

Tourism Service Design

主　编　焦云宏　庞　馨

副主编　雷　蕾　苑文华　聂晓茜　张　韵

参　编　陈　蔚　黄中黎　陈　璐　张文娟

　　　　潘　涛　阿孜古丽·阿布都外力

北京理工大学出版社
BEIJING INSTITUTE OF TECHNOLOGY PRESS

内容提要

本书是国内首部聚焦旅游服务设计的跨学科新形态教材，以党的二十大报告中"高质量发展"等内容为指引，立足"旅游+设计"跨界融合视角，构建"理论引领—方法工具—实践应用"一体化教学体系，旨在培养适应智慧旅游、可持续旅游发展需求的复合型技能人才，助力旅游业高质量发展与职业教育创新。本书紧扣职业教育与文旅产业发展趋势，将服务设计理论与旅游产业实践深度结合，遵循"理论奠基—实践进阶"设计逻辑，通过三级架构的模块化设计强调实践导向和任务驱动，构建全流程设计思维体系。

本书可供高等职业教育专科旅游管理、酒店管理与数字化运营和智慧景区开发与管理等专业，以及高等职业教育本科旅游规划与设计专业、旅游管理专业和酒店管理专业在校学生选用，也可供旅游大类其他相关专业学生和社会学习者使用。

版权专有　侵权必究

图书在版编目（CIP）数据

旅游服务设计 / 焦云宏，庞馨主编 . -- 北京：北京理工大学出版社，2025.5.
ISBN 978-7-5763-5441-6

Ⅰ. F590.6

中国国家版本馆 CIP 数据核字第 20255DK703 号

责任编辑：李　薇　　　　文案编辑：李　薇
责任校对：周瑞红　　　　责任印制：王美丽

出版发行 / 北京理工大学出版社有限责任公司

社　　址 / 北京市丰台区四合庄路 6 号

邮　　编 / 100070

电　　话 / (010) 68914026（教材售后服务热线）
　　　　　　(010) 63726648（课件资源服务热线）

网　　址 / http：//www.bitpress.com.cn

版 印 次 / 2025 年 5 月第 1 版第 1 次印刷

印　　刷 / 河北鑫彩博图印刷有限公司

开　　本 / 787 mm×1092 mm　1/16

印　　张 / 6.5

字　　数 / 121 千字

定　　价 / 65.00 元

图书出现印装质量问题，请拨打售后服务热线，负责调换

前言

  党的二十大报告明确指出，高质量发展是全面建设社会主义现代化国家的首要任务，要"增进民生福祉，提高人民生活品质"。旅游业作为满足人民美好生活需要的幸福产业，肩负着推动文化和旅游深度融合发展、打造世界一流旅游目的地、推进智慧旅游和可持续旅游的重要使命。在"双循环"新发展格局下，旅游业正经历从规模扩张向质量提升的深刻变革，"文旅融合""科技赋能""生态友好""创新驱动"成为产业升级的核心关键词。在此背景下，高等职业教育旅游类专业人才培养面临新的挑战——如何培养既懂旅游产业规律，又具备服务设计思维与实践能力的复合型技术技能人才，成为专业建设的重要课题。

  本书正是响应国家战略号召、对接产业升级需求的创新成果。作为国内首部以旅游服务设计为核心内容的跨学科新形态教材，立足"旅游+设计"的跨界融合视角，将服务设计理论与旅游产业实践深度结合，系统构建了"理论引领—方法工具—实践应用"的教学体系。本书以培养适应智慧旅游、可持续旅游发展需求的高素质技术技能人才为目标，着力解决传统旅游教育中服务创新能力不足、跨学科融合薄弱和实践落地脱节等问题，为旅游类专业课程体系注入新的活力。

  党的二十大报告提出，坚持以文塑旅、以旅彰文，推进文化和旅游深度融合发展。旅游业已从单一的观光服务转向"文化体验+服务创新"的综合发展模式，对旅游服务的文化内涵挖掘、用户体验创新、产业生态协同提出了更高要求。本书紧扣这一趋势，将"文旅融合"贯穿全书，引导学生从文化基因解码、体验场景建构、服务触点设计等维度，实现文化资源向体验价值的转化。

  随着大数据、人工智能、AR/VR 等技术工具在旅游业的广泛应用，"智慧旅游"已从概念走向实践，"双碳"目标的提出则对旅游服务的生态友好性提出了刚性要求。本书敏锐捕捉这两大趋势，将可持续原则和技术工具深度融入内容体系，引导学生树立"以生态为本"的价值观，掌握平衡经济收益、社会福祉与环境保护的设计方法。这种"技术赋能+绿色导向"的双重逻辑,使本书内容既符合行业前沿趋势,又体现职业教育服务国家战略的责任担当。

旅游服务设计是典型的交叉学科领域,涉及旅游管理、设计学、心理学、社会学等多学科知识。传统教材往往局限于单一学科视角,难以满足产业对复合型人才的需求,本书打破学科边界,构建"理论框架—设计思维—实践工具"三位一体的知识体系。这种跨界性不仅体现在内容编排上,更体现在能力培养目标中。本书致力于培养学生"像设计师一样思考,像旅游人一样行动",既能洞察旅游者隐性需求,又能整合资源落地解决方案,填补了传统旅游教育与产业创新需求之间的鸿沟。

本书在编写过程中注重理论与实践的结合,凸显职业教育类型特征,突出服务设计的创新性和实践性,形成了鲜明的特色与优势。

(1)模块化结构设计,强化任务驱动与能力培养。本书将内容划分为"理解旅游服务设计""实践旅游服务设计"两大模块。模块1聚焦理论基础,系统讲解旅游服务设计的概念、原则、思维与方法,为实践奠定认知基础;模块2遵循"双钻石"服务设计流程,设置"洞察与发现""聚焦与重构""创意与塑形""落地与传播",每个部分细化为具体内容,形成"知识输入—技能训练—成果输出"的闭环。这种结构设计符合高职学生认知规律,通过真实任务驱动,使学生在"做中学",逐步掌握旅游服务设计的全流程操作能力。

(2)实践导向鲜明,突出"教、学、做"一体化。本书秉持以知促行、以行践知的原则,构建"理论讲解—案例解析—实战训练"三层实践体系,提升学生解决实际问题的能力。

(3)课程素质贯穿始终,培养"德技并修"人才。本书将立德树人作为根本任务,将思想道德教育、职业素养培养融入内容设计。通过阐述服务设计"创造健康、合理、共享、公平生存方式"的宗旨,引导学生树立"以用户为中心"的服务理念和社会责任感;强调生态保护与文化传承的重要性,培养学生的绿色发展意识;激发学生对传统文化的热爱与创新传承的使命感。此外,本书还潜移默化地培养学生精益求精的工匠精神、系统思维与跨界协作能力、服务同理心与创新自信,实现专业教育与素质教育的深度融合。

(4)新形态教材建设助力混合式教学改革。为适应"互联网+教育"发展趋势,本书采用"纸质教材+数字化资源"一体化建设模式。纸质教材注重知识体系的完整性与逻辑性,数字化资源(如微课视频、工具模板、拓展阅读等)则提供多样化的学习支持。这种新形态设计不仅满足高职学生多元化的学习需求,还为教师开展混合式教学提供了丰富的资源,助力课堂教学与实践实训的有机结合。

(5)教学过程中结合专业特点,灵活组合教学内容。本书采用模块化结构,各模块之间既相对独立又相互关联。教师可根据专业培养目标与岗位需求,选择性组合教学内容。建议教师在教学过程中注重理论与实践的结合,通过案例分析、实践项目设计等方式,提升学生的实践能力与创新思维。同时,建议学生在学习过程中积极参与实践项目,通过实际操作掌握服务设计的核心技能,为未来的职业发展奠定坚实基础。

本书由来自高职院校和旅游行业的专家共同编写,团队成员兼具深厚的学术造诣、丰富的教学经验与扎实的实践功底。编写团队包括云南旅游职业学院焦云宏、庞馨、雷蕾、苑文华、聂晓茜、张韵,浙江旅游职业学院陈蔚、黄中黎、陈璐,云南省旅游规划研究院张文娟,云南世博旅游景区投资管理有限公司潘涛,海鳗(北京)数据技术有限公司阿孜古丽·阿布都外力。编写分工如下:模块1由焦云宏、庞馨、聂晓茜、张韵负责编写;模块2由雷蕾、苑文华、陈蔚、黄中黎、陈璐、张文娟、潘涛、阿孜古丽·阿布都外力负责编写。全书由焦云宏、庞馨负责统稿和审稿。

在编写过程中,我们得到了众多旅游研究、服务设计和旅游企业等机构与行业专家的大力支持,参考了国内外相关领域的最新研究成果与实践案例,在此一并致谢。同时,感谢北京理工大学出版社,尤其是杨娜编辑为本书的顺利出版付出的辛勤工作。

职业教育教材建设是一项持续改进的系统工程。由于旅游服务设计领域发展迅速,书中难免存在不足之处,恳请广大师生与行业同人提出宝贵意见,以便再版时修订完善。我们相信,在国家大力发展职业教育的背景下,本书将为培养"精服务、善设计、有情怀"的旅游类专业人才贡献力量,助力我国旅游业高质量发展迈向新台阶。

编 者

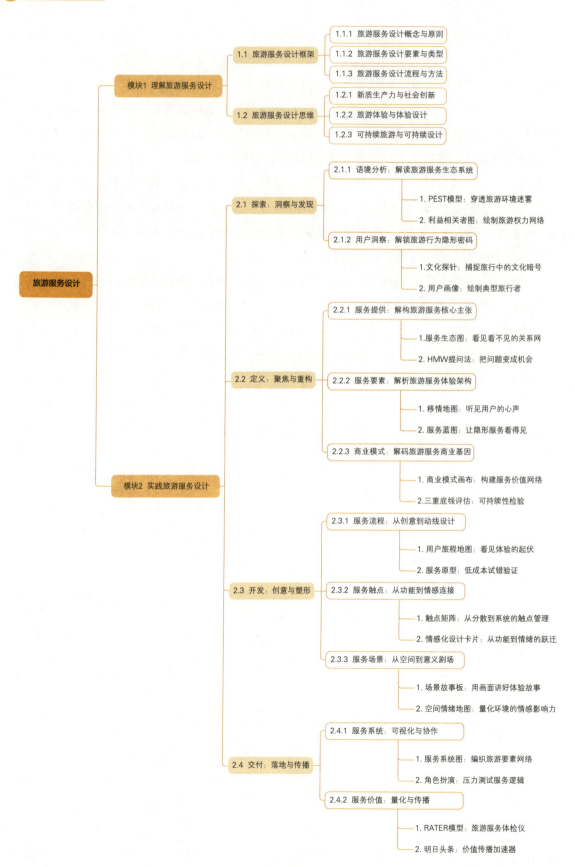

旅游服务设计

模块1 理解旅游服务设计

1.1 旅游服务设计框架
- 1.1.1 旅游服务设计概念与原则
- 1.1.2 旅游服务设计要素与类型
- 1.1.3 旅游服务设计流程与方法

1.2 旅游服务设计思维
- 1.2.1 新质生产力与社会创新
- 1.2.2 旅游体验与体验设计
- 1.2.3 可持续旅游与可持续设计

模块2 实践旅游服务设计

2.1 探索：洞察与发现
- 2.1.1 语境分析：解读旅游服务生态系统
  - 1. PEST模型：穿透旅游环境迷雾
  - 2. 利益相关者图：绘制旅游权力网络
- 2.1.2 用户洞察：解锁旅游行为隐形密码
  - 1.文化探针：捕捉旅行中的文化暗号
  - 2. 用户画像：绘制典型旅行者

2.2 定义：聚焦与重构
- 2.2.1 服务提供：解构旅游服务核心主张
  - 1.服务生态图：看见看不见的关系网
  - 2. HMW提问法：把问题变成机会
- 2.2.2 服务要素：解析旅游服务体验架构
  - 1. 移情地图：听见用户的心声
  - 2. 服务蓝图：让隐形服务看得见
- 2.2.3 商业模式：解码旅游服务商业基因
  - 1. 商业模式画布：构建服务价值网络
  - 2.三重底线评估：可持续性检验

2.3 开发：创意与塑形
- 2.3.1 服务流程：从创意到动线设计
  - 1. 用户旅程地图：看见体验的起伏
  - 2. 服务原型：低成本试错验证
- 2.3.2 服务触点：从功能到情感连接
  - 1.触点矩阵：从分散到系统的触点管理
  - 2. 情感化设计卡片：从功能到情绪的跃迁
- 2.3.3 服务场景：从空间到意义剧场
  - 1. 场景故事板：用画面讲好体验故事
  - 2. 空间情绪地图：量化环境的情感影响力

2.4 交付：落地与传播
- 2.4.1 服务系统：可视化与协作
  - 1.服务系统图：编织旅游要素网络
  - 2. 角色扮演：压力测试服务逻辑
- 2.4.2 服务价值：量化与传播
  - 1.RATER模型：旅游服务体检仪
  - 2. 明日头条：价值传播加速器

目录

模块1 理解旅游服务设计

模块概述

党的二十大报告指出，高质量发展是全面建设社会主义现代化国家的首要任务。作为"增进民生福祉，提高人民生活品质"重要载体的旅游业同样面临高质量发展的重要任务。近年来，在国家政策利好、人们收入提升、互联网影响扩大、高速路快速发展等因素的推动下，"生态文明""全域旅游""智慧旅游""乡村振兴""文旅融合"等带有改革意味的词汇不断引领旅游产业的发展，无论是战略地位、综合效益、区域带动作用，还是发展方式、市场需求、产品类型或服务模式，现代旅游业都发生了深刻变革。在国家经济转型改革的重要阶段，以文旅融合、科技赋能、生态友好、创新驱动等发展要素为代表的现代旅游业，具备带动区域经济社会综合发展的巨大能量，将成为满足人们美好生活需要的"幸福产业"。

随着文旅产业高质量转型升级的政策导向和市场需求，旅游者对旅游产品品质与服务水平提出了更高的要求，旅游规划设计行业面临新的课题和挑战。旅游服务设计作为一种创新的思维方式、系统的工作流程、科学的设计工具和高效的管理方法，将为新时代文旅产业供给侧改革提供全新的思维范式和行动指南。

学习目标

认知目标

1. 理解旅游服务设计的概念与原则。

2. 明确旅游服务设计的内容与类型。

能力目标

1. 绘制旅游服务设计工作流程图。

2. 分析旅游服务设计案例的方法。

情感目标

1. 认同服务设计助推旅游高质量发展。
2. 激发课程学习好奇心和求知欲。

案例导入

余村位于我国浙江省湖州市安吉县天荒坪镇,占地面积为 4.86 平方千米,森林植被覆盖率达 90% 以上。在这里,自然景观和文化遗产都得到了很好的保护。村庄空气清新,水源清澈,土壤肥沃。千年银杏树和百年大鲵证明了余村自然资源的高品质。

余村人把善良作为首要美德。他们不仅寻求人与人之间的社会凝聚力,还寻求人与自然之间的和谐。拥有千年历史的龙庆寺见证了余村村民世代行善的历史和生态发展的成果。

余村是文化和旅游部认定的全国乡村旅游重点村。随着矿山的关闭和环境的恢复,余村走上了绿色发展道路。从那时开始,绿色发展的概念已演变为中国生态进步的纲领性原则。余村是促进农村可持续发展的国家重点旅游村之一。余村将乡村旅游作为一种重要的手段,以创造基于生态的经济,促进可持续的社会发展、创新、创业、就业和共同繁荣。同时,余村实施水处理与控制项目行动计划及废物收集试点项目,旨在通过扩大金融投资和引入更灵活的市场机制,尽量减少旅游业失控的负面影响。

2021 年,余村入选世界旅游组织最佳旅游乡村。[1]

1 [世界旅游组织] 世旅组织最佳旅游乡村:中国余村(2021年)

案例分析

余村是"绿水青山就是金山银山"理念的诞生地,是中国践行发展、共享和可持续共同富裕理念的典型案例。余村曾经的经济支柱是石灰窑、砖厂和水泥厂。这种以矿产资源开发为主导的产业模式吸纳了全村一半以上的劳动力,一度使余村成为安吉县的"首富村"。然而,这类采掘业也破坏和污染了环境,给当地村民带来健康问题。2005 年,矿山永久关闭。村民们认识到,在保护自然的同时,可以通过旅游业、生态农业和绿色发展创收致富。他们将重点从销售石头转为销售风景和文化。余村基于生态的经济发展和采用有益环境的做法,获得世界旅游组织 2021 年最佳旅游乡村的表彰。参与这一转变的主要利益相关者包括地方政府官员、居民和旅游运营商,以及全球的人才和企业。

旅游业作为世界最大的社会经济产业之一,有潜能成为应对挑战的强大力量。如果管理得当，旅游业可以创造就业机会，促进经济发展，支持环境保护，并有助于促进不同文化之间的理解和包容。因此，有必要对旅游业的发展进行反思，并加快行动，以便打造一个更具可持续性、包容性和复原力的行业。

共享繁荣是旅游业发展中需要格外关注的重要概念，它旨在确保旅游业的惠益在本地社区得到广泛分配，以促进全体居民的福祉。切实让当地企业与旅游业价值链挂钩，并最大限度地减少流失，优先投资于可持续基础设施，以及开展有关旅游职业的社区教育等，这些都不失为增强社区共享旅游惠益的可行之举。[1]

安吉余村从矿山经济到乡村旅游产业的转型升级，不仅是对区域产业经济结构的调整，更是以人为本、绿色环保的发展理念和创新、系统、协作的思维模式的转变。

这些契合服务设计的思维与行动包括创新旅游项目、提升服务质量、优化服务流程、改善旅游者体验、促进产业创新、推动可持续发展等具体措施，不仅为旅游产业发展注入了新的动能和活力，还为乡村旅游产业的未来发展提供了更多的可能性和机遇。

1 ［世界旅游组织］
旅游：共同富裕的
驱动力 - 主要观点
（2023 年）

1.1　旅游服务设计框架

　　旅游产业在从观光旅游向大众旅游高质量发展的过程中，旅游消费升级和数智化革命使旅游者对良好的体验需求变得更加强烈。大量研究和实践表明，旅游者体验会影响旅游消费。追求极致体验的旅游者在旅游消费的过程中往往会为旅游组织创造更多的物质和精神财富。在旅游行业，那些能够提供卓越体验的企业往往能脱颖而出，旅游者不仅更愿意将这些优质企业推荐给亲友，其复购率也显著高于同业。如果确信能得到更好的体验，大多数旅游者会愿意花更多的金钱、时间和精力参与旅游活动。

　　一直以来，旅游企业大都按照自己对工作职能的划分来组建组织中的各个单元（或称为职能仓）。企业从自己（而非旅游者）的角度出发，通过一套专门的商业工具来了解、跟踪和管理这些职能，并在其所在的业务单元内部对这些职能进行优化。在旅游过程中很多对旅游者来说非常重要的环节在传统的企业作业流程中根本不会出现。与此同时，许多旅游组织开始寻找可靠、可扩展的新方法，跨越职能仓，战略性地在旅游体验方面进行创新。逐渐地，这些旅游组织走上了旅游服务设计之路。

　　旅游服务设计不仅可以用来为旅游者创造价值，还可以触及整个旅游产业的价值生态系统，并且可以专注于那些面向旅游者、组织内部和文旅产业链的事务。换而言之，旅游服务设计不仅可以用于直接的旅游产品 / 服务，还可以为组织内部、B2C/B2B 乃至文旅产业系统进行设计。

　　旅游服务设计是非常务实的工作，本质上就具有整体性。要打造宝贵的旅游体验，服务设计师必须同时掌握旅游服务前台的业务流程和后台的支撑系统，并解决这些流程和系统的运行问题，处理众多利益相关者的终端体验，同时考虑到组织的业务需求和技术的适用性。[1]

　　提供创新的、优质的旅游服务，通过跨渠道、跨专业的技术和工具让用户体验变得更好，对旅游组织是一项系统性的挑战和考验。旅游组织可以基于新技术或新市场动态，用服务设计来改进现有的产品与服务，并提供全新的价值主张。旅游组织能够以一种更加稳健和可行的方式来平衡其在体验、运营和商业方面的诉求，为涵盖、赋能和激励广泛利益相关者的旅游项目和活动提供强大的通用语言和工具。

1 ［*Marketing 4.0*］在营销 4.0 的世界中，优质的产品和优质的服务都是商品，WOW 因素让品牌从众多竞争对手中脱颖而出。WOW 时刻是给用户提供的令其惊讶的、个性化的、具有感染力的体验。取胜的公司和品牌不会将 WOW 时刻交给命运来决定，而是通过设计刻意创造出 WOW 时刻。

1.1.1　旅游服务设计概念与原则

1. 旅游服务设计概念

在不同的话语场景中，可能会使用设计思维、服务设计思维、新营销、用户体验设计、整体用户体验、用户体验设计、以人为本的设计、用户体验管理、体验设计、触点管理、精益用户体验、新服务开发、新产品开发、用户旅程工作或创新、产品服务系统设计等词汇来表述服务设计师的工作，并辨析它们之间的差异，也有可能会用"服务设计"来指代几乎任何类型的与服务相关的开发和设计工作。

拓展阅读
服务设计十二诫

服务设计（或者设计思维，或者其他称呼）的主要目的是打破藩篱，让人们跨越职能仓，共同创造价值。服务设计是一种思维方式、一个工作过程、一套设计工具，同时作为一门跨专业语言和一种管理方法，它还可以为跨专业的协作提供共享、易懂、中性的术语和工作事项。服务设计可以应用于大多数人类活动的塑造过程。在增量式和激进式的服务开发、创新、服务改进、用户体验、教育、赋能、政府和组织战略中，服务设计占有一席之地。[1]

1 马克·斯蒂克多恩，马库斯·霍梅斯，亚当·劳伦斯，等 . 这才是服务设计［M］. 吴海星，译 . 北京：人民邮电出版社，2022.

在全球众多有关服务设计的定义中，最受欢迎的定义是由梅根·艾林·米勒（Megan Erin Miller）通过众包方式的定义。服务设计可以帮助组织从用户的角度看待服务。这是一种设计服务的方法，可以平衡用户需求和业务需求，旨在创造无缝和优质的服务体验。服务设计植根于设计思维，用有创造力、以人为本的过程来改进服务或设计新的服务。服务设计可以通过各种协作方法来吸引用户和服务交付团队，帮助组织切实、全面地了解其所提供的服务，从而实现全面、有意义的改进。

服务主导逻辑（Service-Dominant Logic，SDL）认为，服务是起点、中间过程和终点。其基本观点包括服务是交换的基础；价值是由多个参与者创造的，并且总是包括受益者；所有的社会参与者和经济参与者都是资源集成者；价值总有其独特性，并且是由受益者确定的；价值的共同创造是通过参与者创建的制度（协作的规划、规范、含义、符号、实践和类似的辅助元素）和制度安排（相互依存的制度的集合体）来协调的。在此语境下，服务设计是对设计好的制度和制度安排进行协调，从而共同创造价值的过程。服务设计将一组特定概念汇集到了一起："共同创造价值"重点强调服务设计在价值的共同创造上所发挥的作用；"协调"明确了服务设计是一个进行协调的过程；"制度"确认了制度和制度安排是所有完成设计产品的基础与无形的结构；"参与者创建的"允许人们将设计定义为创建制度和制度安排的理想过程，是一个交付不断进化的、由参与者生成结果的过程。

国内关于服务设计的权威定义来自商务部、财政部、海关总署发布的《服务外包产业重点发展领域指导目录（2022 年版）》。**服务设计（Service Design）是以用户为中心、协同多方利益相关者，通过人员、环境、设施、信息等要素创新的综合集成，实现服务提供、流程、触点的系统创新，从而提升服务体验、效率和价值的设计活动。**

在人类经济生活从农业经济、工业经济、服务经济向体验经济发展的过程中，经济生活发展阶段必然面临从高速度发展向高质量发展转型升级。对比服务与旅游产品属性可以看出，几乎所有的旅游产品都可以视为一种服务的提供方式。换而言之，旅游产品的本质就是旅游服务，旅游产品供给设计的核心本质就是对旅游服务的设计（表 1-1）。因此，以服务提供、服务流程和服务触点的视角看待旅游产品的供给与需求是旅游产业不可回避的思维模式与发展路径。

表 1-1 服务与旅游产品的属性比较

服务 VS 旅游产品	服务[1]	旅游产品[2]
定义	服务是通过与顾客接触而形成的在一定时间范围内满足顾客需要的一系列活动	旅游产品是指为满足旅游者的愉悦休闲体验需要，而在一定地域上被生产或开发出来以供销售的物象与劳务的总和
特征	无形性 不可分割性 不可储存性 差异性 互动性	功能上的可体验性 空间上的不可转移性 生产与消费的不可分割性 时间上的不可储存性 所有权的不可转让性

[1] 张淑君 . 服务管理 [M] . 3 版 . 北京：中国市场出版社，2021.

[2] 谢彦君 . 基础旅游学 [M] . 4 版 . 北京：商务印书馆，2015.

思考辨析

以某一项旅游产品为例，分析其符合"服务"和"旅游产品"的共性特征与差异属性。

基于国家行政部门对服务设计的定义，旅游服务设计可以解释为以旅游者为中心、协同多方利益相关者，通过人员、环境、设施、信息等要素创新的综合集成，实现旅游服务提供、流程、触点的系统创新，实现文旅深度融合，从而提升旅游服务体验、效率和价值的设计活动。

如果从"旅游 + 设计"的跨专业语境来说，旅游服务设计（Tourism Service Design，TSD）是在体验经济背景下，基于设计学视角，对旅游服务要素与旅游服务旅程进行整合研究，通过用户旅程图、利益相关者图、服务触点、服务蓝图等服务设计方法对旅游活动中的典型场景和服务要素进行创新设计，重点关注旅游服务设计实践为旅游者提供高质量的旅游体验，促进旅游业可持续发展。

旅游服务设计是顺应旅游创新驱动型高质量发展转型升级的新兴跨学科研

微课
旅游服务设计的
语境与范式

究和实践的方向，其内容是艺术设计研究的新热点和旅游发展的新方向，具有前瞻性和未来性。

微课
旅游服务设计的
基本原则

2. 旅游服务设计原则

2010 年，《服务设计思维》（*THIS IS SERVICE DESIGN THINKING*）界定了服务设计思维的五大原则并在世界范围内被广泛引用和检验。2018 年，该书的续篇《这才是服务设计》（*THIS IS SERVICE DESIGN DOING*）认为，这些原则缺少了服务设计方法的一个关键特性，即强调迭代——从微小、低成本的尝试和试验开始，允许失败，从失败中学习，并不断调整这个过程。大多数人已经习惯了"决定—规划—执行"这样的过程，所以会觉得这种方式不太好掌握，但这是设计主导方法的基本特征。服务设计本质上是一种实用方法，应该以研究和原型制作为基础，而不是以观点或高大上的概念为基础。对于服务设计来说，最迫切的核心需求是与业务建立关联，服务设计要通过了解后台流程和技术机会，以及组织的业务目标，来打造更好的体验。

在旅游服务设计的语境中，经过迭代的服务设计原则新版本中的"以人为本、协作性、迭代性、连续性、现实性和整体性"是旅游服务设计应遵循的基本原则（图 1-1）。

服务设计原则的进化

初始版本（2010）	迭代版本（2018）
1.以用户为中心（user-centered） 服务应该从用户的角度来体验。	1.以人为本（human-centered） 考虑受服务影响的所有人的体验。
2.共同创造（co-creative） 所有的利益相关者都应该加入服务设计的流程。	2.协作性（collaborative） 各种背景和职能的利益相关者都应该积极参与到服务设计过程中。
	3.迭代性（iterative） 服务设计是一种探索性、适应性和试验性的方法，它通过迭代来实现。
3.有序性（sequencing） 服务应该是一系列彼此关联的具体行动。	4.连续性（sequential） 服务应该可视化，并编排为一系列相互关联的活动。
4.有形化（evidencing） 无形的服务应该用实物制品展现出来。	5.现实性（real） 应该在现实中研究需求，在现实中为创意制作原型，并用实物或数字化现实将无形的价值有形化。
5.整体性（holistic） 应该考虑服务的整体环境。	6.整体性（holistic） 服务应该持续地满足在整体服务中跨业务的所有利益相关者的需求。

图 1-1　服务设计原则的进化 [马克·斯迪克多恩（Marc Stickdorn），2022]

与其他行业的服务设计类似，旅游服务设计同样是一套系统化的实践方法论，旨在创新优化旅游组织制作的产品和提供的服务。服务设计与设计思维、体验设计及用户体验设计等方法有很多的共同点，它起源于服务设计思维并与服务主导逻辑相融合。由于旅游业务的产品具有更多的服务属性，运用服务设计以人为本、协作式、跨专业和迭代的方法，通过易于理解的设计流程和设计工具来创建和编排体验，以满足旅游业务、旅游者和其他利益相关者的需求。

拓展阅读
找寻内心原力，
IDEO 携手华侨城
定义康旅产品的
价值体系

> **慎思笃行**
>
> **找寻内心原力，IDEO 携手华侨城定义康旅产品的价值体系**
>
> 华侨城的中长期发展战略是要成为中国文化产业的领跑者，并将"文化＋"产业转型、回归运营模式作为新的发展战略。在推动"文化＋"与旅游深度融合的同时，更好地满足用户不断变化的消费需求，"康旅"正是一种因同时具有康养和旅游的复合型特征，而出现的旅游的新业态和新模式康养旅游市场，成为华侨城重点关注的发展领域。华侨城携手 IDEO，将以人为本的设计思维贯穿于整个康养旅行项目之中，并且融入华侨城特色，打造一套属于华侨城的独特康旅价值体系与体验方案，为用户群体提供他们真正需要的康养旅游项目。

 知行合一

查阅资料，分析华侨城康旅产品的设计理念、目标人群及产品特色。

1.1.2　旅游服务设计要素与类型

1. 旅游服务设计要素

在服务设计研究过程中，不同学者提出了不同维度的服务设计要素。罗仁鉴等（2011）认为，服务设计的五个要素分别是价值、人、对象、过程和环境；曹建中等（2018）基于戏剧"五位一体"理论提出服务设计的五要素为人、行动、目的、场景、媒介。多数观点均以产品服务系统（Product Service System，PSS）的视角来界定服务设计要素。

相比其他消费行为和商业活动，旅游活动具有更多的复杂性和特殊性。旅游服务设计是一个复杂的系统过程，旅游服务的提供和流程既要确保旅游者的体验价值满足他们的期望，又要符合服务提供者的商业目标，涉及多维度的设计要素。传统的产品设计主要关注产品本身及用户与产品之间的关系，而服务设计需要关注更多要素。旅游服务设计的要素主要包括旅游利益相关者、旅游服务提供、旅游服务触点和服务流程，它们在一定的旅游服务场景中彼此关联、相互作用（图 1-2）。

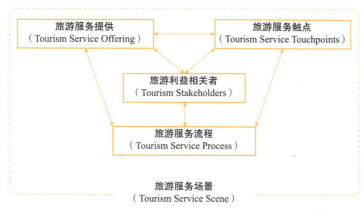

图 1-2　旅游服务设计要素

微课链接
旅游利益相关者

（1）旅游利益相关者（Tourism Stakeholders）通常指是那些在旅游行业中有直接或间接利益的个人或组织。这些利益相关者可能包括但不限于旅游者、旅游服务提供者、政府机构、旅游目的地社区、环境保护组织、文化遗产保护者、商业和零售业从业者、媒体和广告业从业者、教育和研究机构等。在文旅融合和"旅游+"的视角下，旅游利益相关者呈泛化趋势，大量的自然与社会资源均需纳入设计者的考察范围。旅游服务设计需要在特定的旅游服务场景中甄别核心利益相关者、直接利益相关者和潜在利益相关者等，管理这些利益相关者的期望和需求，进行整体化系统设计。

（2）旅游服务提供（Tourism Service Offering）是指一系列为旅游者提供的服务和体验，旨在确保旅游者在旅行过程中的舒适、便利和满意度。旅游服务提供的类型主要有基于旅游要素的餐饮、住宿、交通、游览、娱乐、购物等环节，也包括在整个旅游过程中的信息、安全、技术支持和个性化服务。旅游服务设计最基础的要素就是旅游服务提供。旅游服务提供者需要不断优化服务，以满足旅游者多样化和不断变化的旅游需求，提供核心的、有效的旅游服务是服务设计最为关注的。

（3）旅游服务触点（Tourism Service Touchpoints）是指在旅游服务过程中，旅游者与服务提供者之间发生互动的所有接触点。这些触点构成了旅游者的整体体验，并直接影响他们对旅游服务的满意度和忠诚度。常见的旅游服务触点包括信息获取、预订过程、到达和接待、活动体验、用户服务、反馈和评价、售后服务等。这些触点是由一系列有形的和无形的元素或介质组成，包含物理触点、数字触点、人际触点、情感触点、隐形触点和融合触点等，分布在服务前、服务中、服务后三个阶段。这些不同类型的触点不是单独存在的，它们之间相互交融，从时间、空间、形态等不同维度上为旅游者提供旅游服务体验，从而形成融合的触点。融合的触点也可以相互转化，在旅游服务系统中共同构建服务生态系统中的核心要素。设计和优化这些触点的服务质量可以提升旅游者的体验，增强他们对旅游品牌的忠诚度，并促进口碑传播。

（4）旅游服务流程（Tourism Service Process）是指旅游服务提供者为旅游者提供的一系列有序的服务步骤，从旅游者计划旅行开始到旅行结束后的持续服务，确保旅游者在整个旅游过程中获得优质的旅游体验。旅游服务提供者需要确保服务流程的每个环节都能满足旅游者的期望，同时，保持灵活性以应对不可预见的情况。旅游服务设计的系统性使旅游服务提供和触点组成动态的、系统的流程。在整个旅游服务流程中，对服务阶段的合理划分、服务触点优化设计与服务节奏的主动掌控都会对服务体验产生影响。通过有效的服务流程设计与管理，可以提高旅游者的满意度和忠诚度。

场景是在特定的时空条件下，围绕事件的关键问题和目标，以技术、资源等作为媒介，通过一系列行动形成的特定交互关系，场景的构建能够满足利益相关者的需求，创造和实现价值。[1] 旅游服务场景（Tourism Service Scene）指的是旅游者在旅行过程中可能遇到的各种情境，这些情境通常涉及不同的服务提供、服务触点和服务流程。旅游服务设计者应以系统观念对旅游服务场景进行整体洞察和设计，优化服务场景对于提升旅游体验和满足旅游需求至关重要。

1 郭晨，冯舒，汤沫熙，等.场景规划：助力城市群协同发展——以粤港澳大湾区为例［J］.热带地理，2022，42（2）：305-317.

拓展阅读
服务设计上海倡议

2 ［体验经济］
在体验经济时代，服务可以被看作一种体验，是指针对已知用户个人需求量身定制的无形活动。服务提供商利用商品对特定用户实施某种操作，或者对其资产或所有物实施某种操作。用户会感到这种服务的价值大于实施服务所需的产品的价值。

思考辨析

以某一具体化的旅游场景为例，分析其旅游利益相关者、服务提供、触点和流程的细节内容，诊断服务缺陷，提出改进措施。

2. 旅游服务设计类型

人类社会从农业经济、工业经济、服务经济走进体验经济，进而向转型经济不断演化，是一种经济活动不断去商品化同时强调用户化的过程，服务设计的功能和范围也在逐渐扩大化[2]（图1-3）。

图1-3 不同经济发展阶段的服务设计重点

传统意义的产品是有形的，即同时存在于时间和空间内的有形物体，而服务则由单纯的行动或过程所组成，是一种为他人实施的行为，而且通常在商业基础上实施，具有经济价值。服务是无形的，无法被拥有，只能被体验、创造和参与。在服务设计的研究过程中，不同学者以不同的视角和分类依据对服务设计进行了分类。根据服务和产品各自在产品服务系统中的重要性和配比关系，可将其分为产品导向、使用导向和结果导向三种导向八个分类。（图1-4）

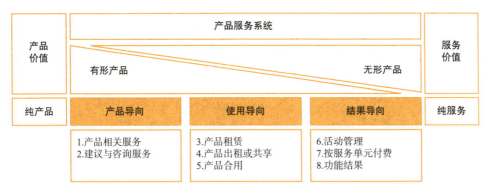

图 1-4 服务设计分类概念模型（Arnold Tukker，2004）

面向产品导向的旅游服务设计立足于旅游产品本身，旨在对产品生命周期进行设计。有形产品的所有权转移给了消费者，但是其附加服务是被提供的。这类旅游服务设计主要关注旅游商品、文创产品等以实物为主要消费对象的有形产品及其附加服务，强调通过旅游服务提供、触点和流程的多元化、立体化和个性化，提升旅游者消费有形产品的体验化和场景化。

面向使用导向的旅游服务设计立足于旅游产品所提供的功能，通过产品平台的搭建满足旅游者的某种需求和愿望。旅游产品服务系统提供者提供访问的产品、工具、机会或能力，使旅游者达到他们的目标，以实现提供者的价值主张。例如自然景观的观景平台、文化名城的历史遗迹等，这些有形产品的所有权由提供者保留，旅游者获取的主要是观光游览的功能满足。在旅游需求不断扩大化的消费场景中，旅游服务设计对旅游产品功能价值应有更深入和广泛的研究。

面向结果导向的旅游服务设计则以满足旅游者体验需求为目的。在这类旅游服务设计中，产品通过服务被取代了。作为购买和使用产品的替代，旅游服务提供者集成一套解决方案，提供一个定制的服务组合或特定的"最终结果"，满足旅游者的个性化需求，达到最终满意度。文旅、康养、研学等主题旅游服务设计均关注于旅游者的体验诉求，聚焦服务的结果和价值。

由于旅游活动和消费在很大程度上是依赖于旅游资源和吸引物的旅游体验，旅游服务设计应以结果导向为主要视角开展业务，满足旅游者对美好的向往。在体验经济时代背景下，旅游服务设计不仅关注提升旅游者的体验质量，还强调公共服务的创新、文化价值的传递及社会价值的共创，从而推动旅游业高质量发展。

微课
设计学视域下的
旅游服务

拓展阅读
十里芳菲，如何
打造有灵魂的旅游
目的地

慎思笃行

十里芳菲，如何打造有灵魂的旅游目的地

十里芳菲提出"乡村全要素发展模型"，把新平台、新资金、新业态、新农人、新科技等非传统农业要素引入乡村，融合、激活、转升级传统农业要素，使村落发育成一个新型的产供需一体的农文旅综合体。十里芳菲提出，单纯依赖传统农业要素，解决不了乡村新发展问题，需要透过全要素的引入与转化，使乡村具备新的价值，焕发新的生机，这是十里芳菲在做的乡土复兴实践，也是十里芳菲希望贡献给这个时代的一个乡村发展类型。通过共创构建战略蓝图，再召集跨界资源，攻克实操难题，桥中助力十里芳菲落地开花。

📧 **知行合一**

查阅资料，分析十里芳菲品牌的旅游服务设计要素和产品服务系统中的服务类型及具体内容。

1.1.3　旅游服务设计流程与方法

1. 旅游服务设计流程

流程（Process）是一系列具有目的性、重复性及程式化的行动，并通过这一系列单元的串联将任务合理化、透明化和共识化。在服务设计发展过程中，不同机构总结了不同的设计流程。

英国 Live | Work 服务设计公司的服务设计流程可分为理解、想象、设计、创造、落地、改进六个步骤。

美国斯坦福大学设计学院（Design School）总结完善的服务设计流程可分为移情、定义、设想、原型和测试五个步骤。

美国 IDEO 设计咨询公司的创新流程主要包括市场洞察、突破性价值主张、创造性服务模式、新交付规则和试验修正五个任务。该创新流程是一个从"概念"到"现实"不断映射的往复过程，通过合理的流程和策略避免创新性想法在初始阶段和过程中被终结，并确保一个服务概念产生后能在组织内部被不断论证、修正直到实施（图 1-5）。

服务设计不同策略的设计流程大多围绕服务语境研究、服务需求洞察、服务概念设计和服务设计执行四个主要内容展开。在旅游服务设计的语境中，英国设计协会（Design Council）归纳出的"双钻石设计流程"具有较好的适宜性和操作性。

1.市场洞察
  Customer Insight
2.突破性价值主张
  Radical Value Proposition
3.创造性服务模式
  Creative Service Models
4.新交付规则
  New Rules of Deliver
5.试验修正
  Piloting

图 1-5　服务设计流程（IDEO）

"双钻石设计流程"（Double Diamond Design Process）也称为"双钻石模型"（Double Diamond Model），将设计流程分为探索（Discover）、定义（Define）、开发（Develop）、交付（Deliver）四个阶段，并呈现"发散—聚焦"的两次往复过程。

（1）探索阶段。探索阶段旨在探索和研究问题的本质，洞察用户需求和发现新的问题。设计师应大胆质疑，列举真实场景和要素，并针对问题进行研究，最终得到一系列的研究结果。

（2）定义阶段。定义阶段对所发现的问题进行思考和总结，明确问题重点并制订项目目标。利用问题洞察、归纳，以及行业竞品分析等手段，寻求设计的机会点。

（3）开发阶段。开发阶段将问题具体化，创建初步解决方案、原型开发和测试。

（4）交付阶段。交付阶段输出产品或服务、测试与评估。将上一阶段的解决方案通过原型、测试、迭代等步骤，逐一分析验证，淘汰其中不合理的想法，保留设计的精华（图 1-6）。

面对不同的旅游服务设计项目时，具体的服务对象都会具有一定的特殊性，因此，在服务设计项目开展之前，可依据服务项目的不同内涵或特征对流程进行调整，从而制订具有针对性的旅游服务设计策略流程，以提高设计精度和效度。

服务设计流程呈现了服务设计从开始到执行的整个过程，也体现了旅游服务操作活动和旅游者服务活动的顺序总和，而且一个设计流程可再细分成多个小流程或次流程。

微课
双钻石模型

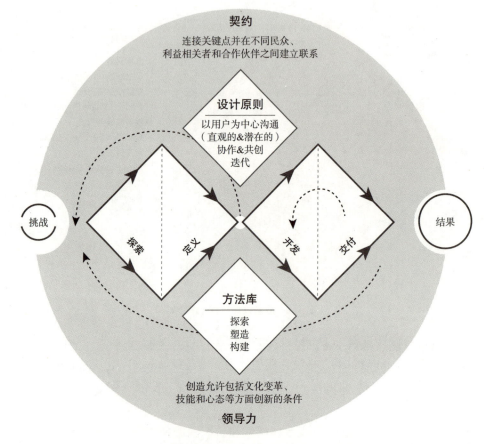

图1-6 双钻石服务设计流程（Design Council）

思考辨析

在双钻石服务设计流程四个不同设计阶段中，两次往复的"发散—聚焦"思维对设计精度和效度有什么影响？

2. 旅游服务设计方法

旅游服务设计作为一种伴随着服务主导型经济、互联网经济发展起来的新的设计范式。其理论、框架、流程、方法及工具的缘起和发展融合了包括社会科学、商业、技术和设计等多学科的研究实践成果。

AT-ONE是一种旨在通过将设计思维融入结构化创新过程来改善服务创新早期阶段的方法。服务设计是对行业提高服务创新需求的回应，它利用如用户洞察力、文化理解、创造力等设计技能，使设计师拥有创造具有吸引力和令人满意的解决方案的能力。该方法的每个字母都代表一种潜在的创新来源，它们可以一起使用，也可以单独使用，通过在每个维度上的发散和聚合，尽早地发现设计机会和问题的解决方案（图1-7）。

Actors
参与者

服务通常由参与者以价值网络的形式进行复杂的协作来提供，关键是整合和配置各参与人的作用和关系，谁是新的参与者，如何促进新的参与者创造新价值，如何带来用户价值的提升。创新服务有相当大的机会。

 Touch-points
接触点

服务设计通常在服务执行中通过一系列接触点的设计创造良好的用户体验。随着服务的推移，会在多个接触点提供服务。一项好的服务需要寻求机会集成新颖、有效的接触点，去除薄弱的、开发得不好或协调性差的接触点。专注于接触点形成一个整体，以及如何创造新的接触点，可以提供良好的服务体验。

 Offering
服务供应

服务是多种多样的，服务机构需要清楚能向用户提供什么样的服务，这不仅与核心产品密切相关，更关乎服务机构理念的定位。服务供应专注于理解服务在功能层面、情感层面和自我表达层面是如何提供的。

 Need
用户需求

服务应基于客户的需求和愿望。这一过程通过以用户为中心的多种研究方法创建角色模型，以此为载体引进用户视角，了解用户需求和在更大程度上满足用户需求，作为服务创新的起点。

 Experience
用户体验

服务本质上是体验式的，体验可以设计和阶段化。通过定义所需的经验并为此开发词汇表，我们希望可以从经验拉动而不是传统的技术推动中开发服务。

图 1-7　AT-ONE 服务设计方法（Simon Clatworthy，2016）

　　旅游服务设计作为一种提高旅游者体验和服务质量的设计活动，包括较大的应用范围。对于不同的设计要求，必然也要使用不同的设计方法。旅游服务设计既可以是有形的，也可以是无形的。将人的因素与其他如沟通、环境、行为、物料等因素朴素融合，旅游服务设计的方法需要解决为谁而做、做什么和怎么做的问题。

　　旅游服务设计为谁而做（Who），常用的设计方法有人物画像、角色扮演、乐高剧、亲和图、用户旅程图等；旅游服务设计做什么（What），常用的设计方法有情绪板、故事板、服务蓝图、利益相关者图等；旅游服务设计怎么做（How），常用的设计方法有服务系统图、商业模式画布等。

　　依据"双钻石设计流程"旅游服务设计框架，在各个设计阶段使用的工具与方法可以根据需要进行选择和组合。有些工具在不同的设计阶段可能会出现多次，这表明这些工具适用于不同的研究阶段，也适合在不同的目标任务情况下使用。服务设计的工具往往也在多个阶段都适用，只要方法使用合理即可（表 1-2）。

拓展阅读
旅游服务设计的
核心活动

表 1-2　服务设计方法分类

服务设计工具	服务设计阶段			
	探索	定义	开发	交付
文化探针（Cultural Probe）	●			
用户观察（User Observations）	●		●	

续表

服务设计工具	服务设计阶段			
	探索	定义	开发	交付
情境访谈（Contextual Interviews）	●		●	
用户旅程图（Customer Journey Map）	●		●	
PESTEL & SWOT	●		●	
KANO 模型（KANO Model）	●			
利益相关者图（Stakeholder Map）	●		●	●
服务系统图（Service System Map）	●		●	●
服务蓝图（Service Blueprint）		●	●	●
商业模式画布（Business Model Canvas）		●	●	
移情地图（Empathy Map）		●		
人物画像（Personas）	●	●		
思维导图（Mind Map）		●		●
场景构建（Scenario Building）		●		●
触点矩阵（Touchpoints Matrix）			●	
问题卡片（Issue Cards）			●	
协同设计工作坊（Co-design Workshop）	●		●	
服务原型（Service Prototyping）			●	●
服务供给图（Offering Map）				●
服务演出（Service Staging）				●

慎思笃行

我们如何工作

　　作为以人为本设计的先行者，IDEO 始终把"人"放在工作的核心。这是设计思维的一个关键原则，即使我们的方法已经开始用于应对各种新的和复杂的挑战，也应始终把人放在解决方案的最中心。我们通过建模启发思考，并在建模中不断学习，这贯穿于灵感洞察、创意生成与设计落实的全过程。

拓展阅读
我们如何工作

知行合一

　　查阅资料，分析 IDEO 设计咨询公司的工作原则和流程。

1.2 旅游服务设计思维

首先，旅游服务设计思维强调以用户为中心，围绕旅游者需求设计全流程服务，涵盖行前、行中、行后各阶段。工具包括用户画像、同理心地图、用户体验地图等，以精准捕捉旅游者痛点与期望。其次，通过技术支持与数智创新，依托大数据、AI、区块链、AR/VR 等技术，构建智慧旅游综合管控、公共服务与营销互动体系。再次，通过系统性思维与共创方法，整合利益相关者（旅游者、社区、企业、政府等）参与设计，实现多维度协作。最后，旅游服务设计思维坚持可持续性导向，平衡生态保护与商业开发，融入绿色低碳、社区参与等设计原则。

旅游服务设计的核心逻辑包括流程逻辑（基于用户旅程设计触点，从需求洞察到服务交付形成闭环）、数据逻辑［以大数据驱动决策，结合 GSM 模型（目标—策略—指标）拆解业务目标，提升服务效率］、价值逻辑［通过情绪价值（如共情故事、沉浸式场景）增强旅游者黏性］。

旅游服务设计思维通过用户体验优化、技术融合创新和可持续实践等设计重点，达成提升服务竞争力、驱动业态创新和促进可持续发展等服务设计目标。

（1）新质生产力与社会创新。以技术和效率等新质要素为支撑，以更具创意和人性化的方式满足旅游者多样化需求，推动旅游服务设计向智能化、高品质方向发展，为文旅行业注入新动力。

（2）旅游体验与体验设计。从旅游者心理需求（如逃避、探索、情感共鸣）出发，设计多层次体验场景。

（3）可持续旅游与可持续设计。以生态保护与社会公平为导向，通过服务设计减少旅游对环境的负面影响。

旅游服务设计思维通过整合用户需求、技术创新与可持续实践，构建"体验—技术—生态"三位一体的框架。其核心价值是将抽象的文化资源转化为可感知的情感体验，并通过系统性设计实现社会、经济与环境的协同发展。随着人工智能技术的迅猛发展，未来需要持续探索情绪价值与数智技术的深度融合，推动文旅产业从"流量经济"向"口碑经济"转型。

1.2.1 新质生产力与社会创新

1. 新质生产力

2023 年 9 月 7 日，习近平总书记在哈尔滨主持召开新时代推动东北全

1 习近平在黑龙江考察时强调 牢牢把握在国家大局中的战略定位 奋力开创黑龙江高质量发展新局面，人民日报，2023年9月9日第一版

2 习近平在中共中央政治局第十一次集体学习时强调 加快发展新质生产力 扎实推进高质量发展，人民日报2024年2月2日第1版

面振兴座谈会时强调：积极培育新能源、新材料、先进制造、电子信息等战略性新兴产业，积极培育未来产业，加快形成新质生产力，增强发展新动能。[1]

2024年1月31日，习近平总书记在中共中央政治局第十一次集体学习时指出：新质生产力是创新起主导作用，摆脱传统经济增长方式、生产力发展路径，具有高科技、高效能、高质量特征，符合新发展理念的先进生产力质态。它由技术革命性突破、生产要素创新性配置、产业深度转型升级而催生，以劳动者、劳动资料、劳动对象及其优化组合的跃升为基本内涵，以全要素生产率大幅提升为核心标志，特点是创新，关键在质优，本质上先进生产力。[2]

从具体内涵看，新质生产力的"新"体现在构成要素新和依托技术新，通过不断改进生产力、劳动者、劳动资料及劳动对象，实现生产方式、劳动组织形式和生产领域的拓展与革新，并运用人工智能技术、云计算、物联网等现代信息技术，推动经济增长和社会进步。

在旅游视域下，旅游新质生产力是指以数字化、智能化、绿色化为核心驱动，通过技术创新、要素重组和模式变革，推动旅游产业实现高质量发展、创造新的旅游产品和服务供给、满足人民日益多样化和个性化旅游消费需求的先进生产力形态。其本质是以技术赋能服务设计，以创新重构产业价值。

旅游新质生产力强调以科技创新为核心，例如，利用大数据、人工智能、虚拟现实等技术提升旅游体验、优化旅游管理与服务；以新发展理念为引领，注重生态保护、文化传承与旅游发展的有机结合；以新商业模式为支撑，如共享旅游、智慧旅游等，促进旅游产业的转型升级和融合发展，形成具有创新性、高效性、可持续性的旅游生产力新质态。

旅游新质生产力的核心要素如下。

（1）技术驱动。依托AI、大数据、物联网、XR（AR/VR/MR）等技术，实现旅游精准营销、个性化推荐、即时化、沉浸式升级，为旅游者创造沉浸式旅游体验，如虚拟旅游景区、历史文化场景重现等。

（2）要素创新。突破传统"劳动力＋资源"模式，将大数据、算法、创意、生态资本等纳入核心生产要素，如旅游者行为数据优化景区动线设计。

（3）价值重构。从"标准化服务"转向锚定用户的个性化、情感化、可持续旅游的服务输出，结合用户需求，精准定位，实现定制化、长久性的用户终身价值挖掘。

（4）系统协同。解决旅游要素的各行其是现状，打破传统的"景点—酒店—交通"割裂状态，构建跨产业数字生态链，提升旅游发展动能和效率，如利用在线旅游服务平台整合目的地全链条服务（表1-3）。

表 1-3　旅游新质生产力与传统旅游生产力的核心区别对比

指标	维度	传统旅游生产力	新质旅游生产力
核心驱动要素	资源依赖	依赖自然资源、人文资源、人力	依赖大数据、算法、数字技术（如 AI、VR）
	资本投入	重资产（酒店、景区基建）	轻资产（平台、IP、虚拟体验）
	能源消耗	高碳排（交通、酒店能耗）	低碳化（智慧能源、虚拟替代）
服务模式差异	服务逻辑	标准化套餐（跟团游）	个性化定制（AI 行程生成）
	交互方式	人工服务（前台、导游）	人机互动（机器人、AI）
	响应速度	滞后（人工处理投诉）	实时（大数据预警 + 自动优化）
技术应用深度	数字化	基础信息化（线上订票）	全链路数字化（旅游者行为数据驱动决策）
	智能化	局部自动化（自动取票机）	全局智能（AI 动态定价、符合预测）
	绿色化	口号式环保	技术减碳（光伏酒店、碳足迹追溯）
产业价值重构	盈利点	门票经济、购物返佣	体验经济（文化 IP、虚拟商品）
	竞争壁垒	资源垄断（5A 景区）	技术壁垒（算法、专利）
	产业协同	割裂（景点、酒店、交通独立）	生态化（平台整合全链条服务）

📺 思考辨析

　　针对某传统旅行社的"夕阳红"专线面临的困境：服务模式上为固定线路（景点 A—B—C）、大巴接送、集体用餐、导游讲解，存在年轻人嫌弃老土，老年人抱怨节奏快，近三年客流量下降 40% 的问题。对该旅行社的"夕阳红专线跟团游"设计一个"求生计划"。

　　任务要求如下。

　　（1）痛点诊断。列出当前模式中 3 个由"传统生产力"导致的核心问题。

　　（2）技术赋能方案。选择 2 项数字技术（如 AI、VR、大数据等），说明如何解决上述问题。

　　（3）对比分析。列出对比表格，改造前和改造后的跃升点。

　　（4）伦理思考。新方案可能带来什么新问题，如数据安全风险或老年人数字鸿沟等。

微课链接
文旅新质生产力

拓展阅读
2024 年中国文旅 IP
商业化报告

2. 社会创新

　　创新是一个广泛的概念，通常被定义为通过引入新的理念、方法、产品或服务，创造价值或改善现有事物的过程。创新不仅限于技术领域，还可以发生

1 约瑟夫·熊彼特.经济发展理论[M].何畏,易家详,等.北京:商务印书馆,1990

在各个方面,包括商业模式、管理方法、社会实践等。约瑟夫·熊彼特的经典创新理论将创新定义为"创造新的生产方式或新的产品、开辟新的市场、获取新的原材料来源或重组现有的生产过程"。[1]这一定义强调了创新的多样性,不仅限于技术或产品的开发,还包括市场和组织的变革。熊彼特的创新理论强调了创新在经济发展中的核心地位,揭示了企业家精神与经济增长之间的密切关系,对后来的经济学研究和商业实践产生了深远影响。

在此,将创新定义为:通过引入新的理念、方法、产品或服务来创造价值或改善现有事物的过程。创新不仅限于技术领域,也可以涉及商业模式、管理方法、社会实践等多个方面。其核心在于突破传统思维,解决问题或满足需求。

社会创新是创新的一个重要分支,强调在解决社会问题时所需的创新思维和方法。作为创新的一种特定形式,社会创新专注于通过新的方法、产品或服务来解决社会问题、满足社会需求并创造社会价值。它不仅关注经济效益,还强调社会的公平和可持续发展。其参与者包括非营利组织、社会企业、社区团体、政府部门及志愿者等,强调多方合作与参与。

在旅游视域下,社会创新(Social Innovation)是指通过新的理念、方法、组织模式或技术手段,解决旅游发展中社会、环境、文化等领域的痛点问题,推动更具包容性、可持续性和韧性的旅游发展模式。其核心是通过创新性方案实现社会价值与旅游经济的协同发展,强调多方参与、本地赋能和系统性变革。

旅游视域下的社会创新理论如下。

(1)共享价值理论。共享价值(Shared Value,SV)由哈佛商学院教授迈克尔·波特(Michael Porter)和马克·克莱默(Mark Kramer)在2011年提出,核心观点是企业可以通过解决社会问题来创造经济价值,同时通过商业创新推动社会进步,实现企业盈利与社会福祉的双赢。共享价值理论认为,传统企业社会责任(CSR)是"做好事"(慈善或合规),而共享价值是"通过做好事来做得更好"(将社会需求融入商业战略)。其三大实现路径包括重新定义产品与市场、重构价值链生产力、促进产业集群发展。在旅游领域共享价值理论可实现经济与社会协同,旅游收入可直接反哺社区,如将云南丽江的古城维护费用于遗产保护;减少浪费,资源循环,如酒店废弃食物转化为有机肥料;通过旅游活化传统文化,实现文化赋能,如日本岐阜县合掌村民宿带动手工艺复兴。

(2)韧性旅游理论。韧性旅游理论源于生态学中的"韧性"(Resilience)概念,后应用于社会科学和旅游研究。驱动该理论产生的原因主要为全球化风险、气候危机和社会不平等。韧性旅游(Resilient Tourism)是指旅游系统(目的地、社区、企业等)在面对外部冲击(如自然灾害、公共卫生事件、经济危机)或长期压力(如气候变化、过度旅游)时,能够抵抗、适应、恢复并实现转型的能力。其核心是提升旅游业的可持续性和抗风险能力，避免脆弱性依赖。韧性旅游的四大维度分别为：经济韧性，减少对单一旅游市场的依赖，如巴厘岛发展农业和数字游民经济，企业储备应急资金或开发弹性产品。社会韧性，本地居民在旅游规划中拥有话语权，避免旅游收益被大企业垄断。环境韧性，限制旅游者容量以保护脆弱生态系统。旅游设施设计考虑极端天气，如马尔代夫度假村采用高脚屋应对海平面上升。制度韧性，政府建立危机响应机制，企业、社区、非政府组织联合制定韧性策略，如泰国普吉岛灾后重建中的公私合作。

（3）设计思维理论。设计思维由斯坦福大学设计学院（Design School）提出，设计思维（Design Thinking）是一种以用户为中心的创新方法论，强调通过共情、协作和快速原型迭代来解决复杂问题。在旅游领域，它被广泛应用于产品开发、服务优化和目的地管理，旨在创造更人性化、可持续且具有竞争力的旅游体验。其理论通过共情（Empathize），深入理解旅游者和社区的真实需求；定义问题（Define），用"用户画像"（Persona）和"问题陈述"聚焦需求；创意构思（Ideate），通过头脑风暴提出创新方案，鼓励"疯狂想法"；原型制作（Prototype），通过快速制作低成本原型测试可行性；测试迭代（Test），收集反馈并持续优化方案的五个阶段进行实践指导。在旅游领域的应用场景中，该理论可通过旅游产品设计定制旅游者个性化体验和无障碍旅游，实现服务优化，减少旅游摩擦点，提升旅游者情感化体验。同时，加强目的地管理，邀请居民共同设计旅游项目，用设计思维平衡旅游者流量与生态保护。

微课链接
文旅融合场景的
内涵与创新

拓展阅读
2024 年全国智慧
旅游发展报告

思考辨析

如何通过社会创新解决旅游发展中的社区矛盾？

慎思笃行

故宫博物院的数字化转型与创新发展

故宫博物院，作为中国明清两代的皇家宫殿，是世界上现存规模最大、保存最为完整的木质结构古建筑群之一，承载着丰富的历史文化内涵。然而，传统的参观模式受限于时间、空间和展示方式，难以满足当代旅游者日益多样化的需求。为了更好地传承和弘扬故宫文化，吸引更多人了解和热爱故宫，故宫博物院开启了全面的数字化转型与创新发展之路。

1. 数字化展览与展示

（1）线上虚拟展览：故宫博物院利用先进的数字技术，将部分珍贵文物和经典展览以虚拟展览的形式呈现给全球观众。观众无须亲临现场，只需要通过互联网即可身临其境地欣赏文物的细节和展览的全貌。例如，"全景故宫"项目让观众可以通过计算机或手机实现故宫建筑群的虚拟游览，仿佛置身其中。这种线上展览不仅突破了时间和空间的限制，还为那些无法到达现场参观的人们提供了了解故宫的机会，大大扩大了故宫文化的传播范围。

（2）数字文物展示：对于一些珍贵的文物，故宫采用了数字化展示的方式，让观众可以更加清晰地观察文物的细节和工艺。通过高分辨率的图像、三维模型和多媒体展示，观众可以深入了解文物的历史背景、制作工艺和文化价值。例如，在"故宫文物数字展示平台"上，观众可以对文物进行放大、旋转、多角度观察，还能听取专业的讲解，这种沉浸式的体验让文物"活"了起来。

2. 互动体验项目

（1）故宫 App：故宫博物院推出的官方 App 为旅游者提供了丰富的互动体验。App 中包含了故宫的导览图、文物介绍、语音讲解等功能，旅游者可以根据自己的需求定制游览路线，随时随地获取相关信息。此外，App 还设置了一些互动游戏和活动，如"故宫寻宝"等，让旅游者在游览过程中增加趣味性和参与感。

（2）文化创意互动体验区：在故宫内设置了多个文化创意互动体验区，旅游者可以亲身体验传统的宫廷文化活动，如制作传统手工艺品、学习古代礼仪等。这些互动体验区不仅使旅游者可以更加深入地了解故宫文化，还为他们提供了与历史文化亲密接触的机会，增强了旅游者的文化认同感和归属感。

3. 跨界合作与创新营销

（1）跨界联名：故宫博物院与多个知名品牌进行跨界联名合作，推出了一系列具有故宫特色的文化创意产品。例如，与美妆品牌合作推出的故宫口红，其包装设计采用了故宫的元素，色彩灵感来源于故宫的文物，一经推出便受到了广大消费者的喜爱。这些跨界联名产品不仅提升了故宫文化的时尚感和吸引力，还为故宫带来了新的经济增长点。

（2）社交媒体营销：故宫博物院积极利用社交媒体平台进行宣传和推广。通过在微博、微信、抖音等平台上发布精彩的文物图片、视频和故事，吸引了大量的粉丝关注。同时，故宫还通过举办线上活动、话题讨论等方式，与粉丝进行互动，增强了粉丝的黏性和参与度。例如，故宫在抖音上发起的"故宫抖起来"话题，吸引了众多用户参与，大大提升了故宫的知名度和影响力。

📑 **知行合一**

结合故宫博物院的数字化转型与创新发展的相关举措，谈谈对于旅游行业的启示。

1.2.2　旅游体验与体验设计

1. 旅游体验

旅游体验是旅游者在旅游活动中形成的综合性感知与情感反馈。其理论框架融合了心理学、社会学与设计学的多元视角。

心理学视角强调旅游体验是旅游者通过心理结构调整实现情感满足的过程，<u>旅游体验是处于旅游世界中的旅游者在与其当下的情境深度融合时所获得的一种身心一体的畅爽感受。旅游体验可分为旅游世俗体验和旅游审美体验两个层面，通过观赏、交往、模仿和消费四个环节达成</u>[1]（图1-8）。例如，在非遗手工艺体验活动中，旅游者通过参与制作获得自我价值认同，达成较高层面的旅游体验。

1 谢彦君. 基础旅游学 [M]. 4版. 北京：商务印书馆，2015.

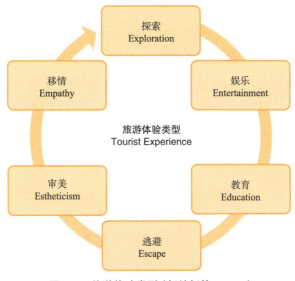

图1-8　旅游体验类型（邹统钎等，2003）

社会学视角提出旅游体验的"直观感受"特性，旅游者通过探索、娱乐、教育、逃避、审美和移情环节实现旅游中的体验价值，强调通过以旅游者情感需求为中心，通过多环节协同塑造深度体验，最终实现文化价值、经济价值与社会价值的统一。[2] 如旅游者在敦煌莫高窟通过数字技术感知壁画背后的历史叙事，体现了审美情境的依赖性。

2 邹统钎，吴丽云. 旅游体验的本质、类型与塑造原则 [J]. 旅游科学，2003（4）：7-10+41.

微课链接
旅游体验

思考辨析

在乡村民宿的旅游体验设计中，如何通过如"探索农田（探索）→学习手工艺（教育）→参与篝火晚会（娱乐）→星空冥想（逃避）→摄影创作（审美）→社群分享（移情）"的"农耕＋非遗"体验链创设深度旅游体验价值？

设计学视角下的旅游体验认为，旅游体验是多维感官体验的整合，需调动旅游者的视觉、听觉、嗅觉、触觉等多感官协同作用。旅游作为"过程性产品"，旅游体验的本质是动态过程而非静态结果，其价值体现于旅游者记忆的持续性。旅游体验融合了多学科理论与技术工具，核心目标是通过系统性设计提升旅游者的感官满足、情感共鸣与精神价值。

旅游体验过程通常经历感官、认知、情感、回归到灵性阶段的情感演变阶段，[1] 旅游产品体验的交付层次也从功能、情绪、情感到意义逐渐提升。

1 孙小龙.旅游体验要素研究：从瞬间愉悦到永恒美好［M］.北京：旅游教育出版社，2019.

2. 体验设计

体验的基础是有意识地参与。体验设计是将消费者的参与融入设计中，是企业将服务作为舞台，产品作为道具，环境作为布景，使消费者在商业环境过程中感受到美好的体验过程。体验设计以消费者的参与为前提，以消费体验为核心，终使消费者在活动中感受到美好的体验。体验设计是一个动态演进的关联系统化成长方式，这种创新成长的方式也是最富有创造激情和想象力的设计。

体验设计是有意向性地编排体验元素的过程，为参与者提供共同创造和持续互动的机会，从而达到参与者和设计者所期望的结果。体验场景由人、位置、对象、规则、关系和编排 6 个元素组成[2]（表 1-4）。每个元素都是独特而重要的，如果对任何一个元素做改动，都会让体验发生根本性变化。在不同的体验场景中，有些元素会比另一些元素更重要一些，但设计师必须考虑所有元素。在某些情况下，一个或多个元素在设计过程开始之前就已经确定了，例如，"人"这个元素就可能被事先确定。虽然设计师必须接受这些预置条件，但是依然可以通过修改其他元素来创造独特的体验。因为哪怕只修改一个元素，往往也能极大地改变整体体验的效果。

2 罗伯特·罗斯曼，马修·迪尤尔登.最佳体验［M］.常星宇，盛昕宇，林龙飞，译.北京：电子工业出版社，2021

表 1-4　体验场景的 6 个元素

元素	描述
人	所有参与体验的人，包括参与者和工作人员，无论他们是否在场
位置	体验发生的物理位置和时间顺序
对象	在体验过程中起作用的实物、社会元素和象征物
规则	影响体验的规则，从成文的法律到社会风俗
关系	体验参与者之间的关系会影响双方互动
编排	体验过程中人们的位置和行动的编排设计

优化体验的方法既包括能力、礼貌、信任、恢复、可靠性、响应度、安全性和有形设施等技术元素，也包括个性化、定制化、同理心、深化体验、记忆化、感官化和主题化等艺术元素。

好服务营造好体验，创造卓越价值。人们既可以通过调动旅游者视觉、听觉、味觉、触觉与嗅觉的"全感设计"原则立体化打造旅游场景，强调感官系统满足的全面性；也可以通过体验设计与心理学的交叉视角总结出的"用户体验定律"对优化旅游体验具有积极的指导意义和实践价值。其中，峰终法则认为用户对于一段体验的评价大多基于他们在"峰"和"终"的体验，而非基于这段体验中所有时刻的平均体验值。峰终法则强调密切关注用户体验的高峰时刻和最终时刻（"结束时刻"），找出产品最有帮助、最有价值或最有趣的时刻，对此进行设计，取悦终端用户。同时，相比美好的经历，人们会更清楚地记住糟糕的经历。峰终法则指导服务设计师通过用户旅程地图工具探索和改善旅游者体验。

思考辨析

查阅相关资料，选择任一用户体验定律分析某一真实文旅体验场景，提出体验设计整改建议。

舒伯阳（2020）基于体验经济理论、符号互动理论、行为设计理论和右脑思维转型等支撑理论，提出了"TPPV 模式"，这一模式是旅游体验设计的系统性方法论思维框架。"TPPV 模式"（Theme-Perceptions-Process-Value）旨在通过主题创意、感知诱导、流程设计和价值植入四个核心环节，构建沉浸式、差异化的旅游体验。[1]

（1）主题创意（Theme Ideas）通过文化符号与叙事构建体验主线，形成独特的"体验基因"。设计要点包括主题线索（挖掘地域文化或情感共鸣点）、符号体系（将抽象文化转化为可感知的视觉符号）和故事化表达（通过情境叙事增强旅游者代入感）等。

（2）感知诱导（Perceptions Induce）通过五感刺激与场景营造，触发旅游者情感共鸣。设计要点包括五觉设计（视觉、听觉、触觉、嗅觉、味觉）、场景沉浸（虚实结合的场景搭建）和游戏化互动（通过任务机制增强参与感）等。

（3）流程设计（Process Design）优化旅游者旅程的仪式感与流畅性，避免体验断裂。设计要点包括仪式感设计（在关键节点设置仪式）、心流体验（通过动线规划减少拥堵）和技术赋能（利用 AI 动态调整服务流程）等。

（4）价值植入（Value Implanted）传递文化或社会价值，提升体验的深层意义。设计要点包括文化传承（通过非遗体验传递传统技艺）、情感共鸣（设计共情场景）和可持续理念（融入碳足迹计算模型）等（图 1-9）。

舒伯阳. 旅游体验设计 [M]. 北京：中国旅游出版社，2020

拓展阅读
用户体验定律——简单好用的产品设计法则

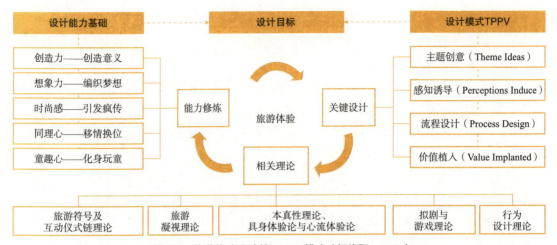

图1-9　旅游体验设计的 TPPV 模式（舒伯阳，2020）

TPPV 模式通过"主题—感知—流程—价值"四维联动，实现了旅游体验从碎片化到系统化、从功能满足到精神共鸣的跨越。其设计思维在于将抽象的文化资源转化为可设计、可复制的体验模块，为文旅融合与数智创新提供了方法论支撑。

未来的旅游已经不再是简单的资源堆砌或设施叠加，而且需要创意体验和独特的产品与服务来打造深度连接旅游者情感的目的地。旅游的本质正在从看风景转向体验生活，从打卡式旅游转向沉浸式参与。注重产品创新，旅游目的地需要从"做加法"到"做乘法"。

传统的旅游景区开发往往依赖于资源的简单叠加，如增加景点酒店或娱乐设施。然而，未来的旅游目的地需要通过创意设计，将文化、艺术、科技与自然、人文景观深度融合，创造出独一无二的体验。

旅游体验设计的核心在于让旅游者从被动接受的观光者转向主动体验的参与者。通过手工艺制作、文化工作坊、沉浸式剧场等形式，旅游者可以深度体验目的地的文化内涵，并与当地社区建立情感连接。

场景化体验是旅游者从旁观者转变为故事参与者的旅游体验设计方法。其核心是用空间讲好一个故事，用故事激活一个空间。旅游创意氛围的营造旨在通过多维度的感官刺激、文化渗透与互动参与，将目的地转化为一个沉浸式体验剧场。创意是旅游目的地可持续发展的核心动力。设计师需要以旅游者为中心、以文化为灵魂、以科技为工具，创造出更多有温度、有深度的旅游体验，让旅游者的每次旅行都成为难忘的故事。

微课链接
旅游体验设计

拓展阅读
体验设计新维度

📊 慎思笃行

提供服务，是做加法；引爆体验，靠做乘法

从2018年起，深圳市有味文化有限公司持续推出"戈壁徒步旅行产品"，2023年，公司研发的戈壁亲子徒步旅行线路产品更在旅游市场上引发热议。

其产品与服务设计逻辑包括以下四项。

（1）以用户为中心。深入了解用户需求，特别是亲子关系改善的需求，设计出能增进亲子关系的徒步旅行产品。

（2）改变关系，引爆体验。通过精心设计的行程和活动，改变参与者之间的关系，从而提升整体体验。例如，让父母和孩子在徒步过程中经历不同的互动模式，从一起走、分开走到换着走，最后进行盲行体验，逐步建立和深化亲子间的情感连接。

（3）情感引导与场景设计。利用特定的场景和活动引导参与者的情感变化，如在徒步旅程的最后阶段设置盲行环节，让父母蒙眼由孩子牵着走完最后一段路，唤起父母对孩子未来角色转变的意识和情感共鸣。

（4）精准的时间把控。将抵达特定地点的时间精准控制在预定时刻，让徒步者在特定时刻看到日出等自然景观，增强体验的独特性和仪式感。

📋 **知行合一**

查阅资料，分析深圳市有味文化有限公司"戈壁亲子徒步旅行产品"的设计亮点和启示。讨论怎样才能成为一名旅游服务设计的"时光雕刻师"？

1.2.3　可持续旅游与可持续设计

1. 可持续旅游

可持续旅游是指在满足当前旅游需求的同时，保护和维护旅游目的地的自然环境、文化遗产和社区福祉的一种旅游方式。其核心是实现旅游业的长期健康发展，确保旅游活动不会对环境、社会和经济造成负面影响，而是促进这些方面的积极发展。世界旅游组织（UN Tourism）对可持续旅游的定义是"充分考虑当前经济、社会和环境影响的旅游活动，同时满足旅游者、产业、环境和社区的未来需求"。

可持续旅游致力于实现三个维度的平衡，分别为环境维度、经济维度和社会维度。在环境维度，坚持生物多样性保护、碳足迹控制；在经济维度，保证产业链本地化、长期稳定收益；在社会维度，实现文化真实性维护、社区福祉提升。

在旅游业蓬勃发展的当下，可持续旅游与传统旅游展现出截然不同的模式，从发展理念、资源利用到对环境、社会文化及经济的影响都有着显著区别。

传统旅游常以短期经济效益为核心，将旅游者数量增长与旅游收入提升当作首要目标。在这种模式下，旅游开发多是粗放式的，为追求更多客源和利润，大量建设酒店、度假村等基础设施，较少考虑对当地生态和文化的长期影响。而可持续旅游秉持长期发展的理念，强调旅游与环境、社会文化、经济的和谐共生。它将生态保护、文化传承和社区发展视为与经济收益同等重要的目标，致力于打造一种既能满足当代人旅游需求，又不损害子孙后代满足其需求能力的发展模式（表1-5）。

表1-5　可持续旅游与传统旅游对比

对比维度	传统旅游	可持续旅游
核心理念	追求短期经济利益最大化	平衡经济、社会和环境三重效益
资源利用	高消耗、高排放	资源节约、循环利用
环境影响	往往超出生态承载力	严格控制在环境承载力范围内
社区参与	居民被动接受	居民主动参与决策和受益
文化保护	商业化导致文化失真	注重文化的真实性和传承
利益分配	大企业垄断收益	本地社区公平分享收益
产品设计	标准化、大众化	特色化、负责任
管理方式	粗放式管理	精细化管理与科技创新
旅游者体验	浅层次观光	深层次体验与教育
长期影响	可能导致资源枯竭	确保资源永续利用

可持续旅游相关理论如下。

（1）文化可持续理论。文化可持续理论（Cultural Sustainability Theory）是指通过系统性保护、创新性传承和公平性发展，维护文化系统的持久活力与适应能力，确保文化多样性在当代和未来得以延续的理论体系。其核心是平衡文化保护、创新发展与社会公平三者关系，使文化既能保持本真性，又能动态适应社会变迁。其内涵包括动态可持续性、主体性保障、系统性关联。该理论现已成为文化遗产管理、旅游人类学等领域的重要分析工具，其本质是在变化中守护文化的生命力。在可持续旅游发展过程中，文化可持续理论为人们提供了更多的启示。针对旅游产品开发方面，进行活态文化体验设计，如运用到非遗文化转化过程中，让旅游者体验非遗文化，反哺非遗传承；针对景区规划和空间设计方面，致力于在开发中维持文化空间的原有功能；针对社区参与机制方面，建立社区文化委员会审核旅游项目，实现文化决策赋权；同时，利于建立收益共享模式，设计文化 IP 分红制度；针对技术赋能创新方面，用技术缓解过度旅游对实体的冲击，如敦煌"数字供养人"计划，旅游者通过小程序认领壁画修复，减少洞窟开放，更好地保护旅游资源。

（2）循环经济理论。循环经济是一种系统性发展模式，旨在通过设计优化和流程再造，实现资源的高效循环利用，最小化废弃物产生。其核心突破传统"开采—生产—废弃"（Take-Make-Waste）的线性经济模式，转向闭环系统。其三大核心原则为设计去废化（Design out waste）、延长资源价值（Keep products/materials in use）、自然系统再生（Regenerate natural systems）。循环经济为旅游业提供从"环境责任"到"经济效益"的转化路径，证明可持续发展并非成本负担，而是创新机遇。循环经济理论在可持续旅游应用中，适应以下几种场景：

（1）住宿业，从"消耗型"到"循环型"酒店，如酒店模块化建筑设计、余热回收系统、布草租赁服务、有机垃圾→堆肥→酒店花园施肥等。

（2）景区管理，实现水循环和废弃物管理。

（3）餐饮服务，打造本地化供应链和可食用包装。

（4）交通服务，完善新能源交通网络，进行轮胎回收计划等。

思考辨析

假如你是一名旅游服务设计师，应如何为一个生态脆弱但文化丰富的地区（如云南香格里拉）设计可持续旅游方案？提出 3 项具体措施，分别解决生态保护、文化传承和社区受益问题，并说明可行性。

微课链接
文旅融合场景的营造与迭代

2. 可持续设计

可持续设计（Sustainable Design）是一种以系统性思维为核心，通过创新方法平衡环境、社会与经济需求的设计哲学。作为一种将可持续发展理念融入设计过程的方法，可持续设计旨在创造对环境和社会具有积极影响的产品、空间、服务或系统。其本质是在满足当代需求的同时，不损害后代发展能力。

拓展阅读
可持续旅游：社区韧性发展新路径

美国建筑师、发明家理查德·巴克敏斯特·富勒（Richard Buckminster Fuller）在 20 世纪中期提出了"可持续设计"思想。《设计革命：地球号太空船》（*Buckminster Fuller to Children of Earth*，1972 年）是富勒最广为人知的作品之一，也是其可持续设计思想的精彩集成。他认为："创造可持续未来的解决方案，犹如一把神奇的钥匙，将开启全人类通往未来的大门。"[1] 富勒所提出的可持续设计创新为人们提供了相对科学和全面的设计创新体系，在很大程度上，设计创新了人们的生活场景，也为旅游服务设计方面提供了理论支持。

富勒的可持续设计创新从三个维度为我们提供指导，分别为面向日常生活的第一维度、以创新社区为例的第二维度和宏观"低耗高效"的第三维度（图 1-10）。

1 Fuller R B. Operating Manual for Spaceship Earth [M]. Carbondale: Southern Illinois University Press, 2008.

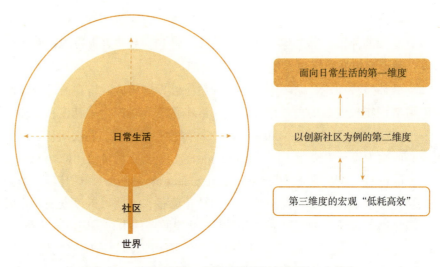

图 1-10　巴克敏斯特·富勒可持续设计创新的三个维度

1 Baldwin J. Bu-ckyWorks: Buck-minster Fuller's ideas for today [M]. Hoboken: John Wiley & Sons, 1996.64.

2 gaikokumaniakku. Old Man River City: A 1971 plan for a domed city [EB/OL]. https://vultureofc-ritique. wordpress. com/2016/05/13/ 12048/, 2016-05-13.

3 Fuller R B. Syn-ergetics: explorations in the geometry of thinking [M]. Estate of R. Buckminster Fuller, 1997. xxv

富勒所提供的可持续设计创新体系的第一维度，是从人类的日常生活出发，对住房、交通等基础设施的创新。富勒认为："将所有机器的整体效率提高一倍，会提高世界经济，达到人人都可以享受充足的食物、可靠的住所、体面的医疗保健"。[1] 第一维度主要是针对住宅及汽车进行的设计创新，通过温度控制等节能方面为日常所需进行实用、低耗的改进。在社区创新的第二维度，富勒致力于充分考虑到了人们的居住舒适性、私密性与精神追求的目标："在家庭露台上，除自己家庭露台范围内的人外，看不到其他人。从老人河城向外眺望，可以将密西西比河风景尽收眼底。"[2] 第三维度主要针对"低耗高效"来实现宏观世界的设计目标。富勒所关注的终极问题是："以与国际社会的社会和文化福祉相称的方式，有计划地利用和最大限度地利用我们巨大的技术资源。"[3]

可持续设计在旅游服务中的应用如下。

（1）住宿服务设计。在建筑与能源方面，加强绿色建筑认证，实现 LEED/WELL 标准在酒店设计中的应用，如上海佘山世茂洲际酒店；完善能源闭环系统，建成地源热泵＋太阳能光伏的离网度假村。酒店运营方面，通过射频识别（RFID）追踪布草使用寿命，使用有机棉与再生纤维混纺技术，使用可充装式洗护用品系统实现零废弃客房。

（2）交通服务设计。新能源介入，进行电动化转型，搭建交通服务共享平台，实现旅游目的地交通联票制度；运用生态雨林或微生态景观调节交通枢纽空气质量。

（3）餐饮服务革新。通过供应链设计，选用本土食材，打造零公里餐饮，运用循环包装替代不可降解材料，减少厨余垃圾。

（4）旅游活动设计。增加生态体验旅游，如修复型旅游，让旅游者参与旅游资源保护活动，增加公益性质；运用 VR 等数字化技术，减少旅游资源开发，同时不影响旅游者体验。

（5）旅游者行为引导。增加游戏化机制，配合节能减排的行为，如垃圾分类等给予旅游者奖励，低碳足迹的旅游者授予徽章等；通过行为的引导和教育课程的融入，实现旅游目的地与旅游者的绿色可持续互动。

思考辨析

假设你负责为一座海岛度假村设计"零废弃旅游体验"，该岛面临以下问题：每年产生 500 吨垃圾（60% 为塑料瓶/包装），淡水资源紧张，依赖船运瓶装水，旅游者抱怨"环保措施降低体验感"。选择一对冲突，提出创新解法。

微课链接
服务设计共创
工作坊

拓展阅读
2023 年绿色出行
旅行者趋势报告

慎思笃行

从废墟到瑰宝：意大利阿尔贝罗贝洛的可持续旅游蜕变

在意大利南部普利亚大区的伊特鲁里亚海岸，有一座名为阿尔贝罗贝洛的小镇，它曾因经济衰退、人口外流，面临着建筑失修、文化传承断裂的困境，大量石顶屋沦为废墟。但在可持续旅游设计理念的引领下，阿尔贝罗贝洛成功实现蜕变，成为世界闻名的旅游胜地，每年吸引着来自全球各地超过 500 万旅游者前来观光游览。

1. 规划设计：新旧融合，传承历史

在阿尔贝罗贝洛的可持续旅游规划中，保留了独特的楚利建筑。这些圆锥形石顶屋是小镇的标志性建筑，有着上千年历史，承载着当地独特的文化记忆。规划者并未对其进行大规模拆除重建，而是采用传统工艺和材料，对受损的楚利建筑进行修缮加固。在修复过程中，尽量保留原有建筑结构和装饰元素，使古老的建筑得以重焕生机。

在小镇的新建筑设计上，也严格遵循当地建筑风格，确保新建筑与老建筑在外观、材质上协调统一。新的公共设施如旅游者中心、停车场等，被巧妙地融入小镇整体环境，既满足现代旅游需求，又不破坏古镇的古朴风貌。

2. 环境维护：守护自然，减少污染

阿尔贝罗贝洛重视生态环境保护，将可持续发展理念融入旅游开发的各个环节。小镇大力推广清洁能源，如太阳能、风能，在部分建筑屋顶安装太阳能板，为公共区域照明和部分商业活动供电。同时，鼓励旅游者和居民采用环保出行方式，小镇内设置了完善的自行车道，提供自行车租赁服务，减少机动车尾气排放。

在垃圾处理方面，小镇建立了严格的垃圾分类回收体系，在各个景点

和公共区域设置分类垃圾桶，定期组织志愿者开展环保宣传活动，提高旅游者和居民的环保意识，确保垃圾得到有效处理，减少对环境的污染。

3. 文化保护：深度挖掘，创新传承

文化是阿尔贝罗贝洛的灵魂，为保护和传承当地文化，小镇积极开展民俗文化活动。每年举办的"楚利节"是一场盛大的文化庆典，人们身着传统服饰，展示传统手工艺制作、民间舞蹈和音乐表演，让旅游者深入体验当地民俗风情。小镇还建立了民俗博物馆，收藏和展示与楚利建筑、传统生活方式相关的文物和资料，为旅游者和研究者提供了解当地文化的窗口。

为了让传统文化更贴近现代旅游者，阿尔贝罗贝洛还将文化元素融入旅游产品开发。例如，开发以楚利建筑为原型的特色文创产品，如手工艺品、明信片、饰品等；推出传统美食体验活动，让旅游者在品尝当地特色美食（如普利亚比萨、炖菜）的同时，了解美食背后的文化故事。

4. 社区参与：利益共享，共同发展

当地社区在阿尔贝罗贝洛的旅游发展中扮演着重要角色。社区居民积极参与旅游服务行业，许多居民将自家的楚利建筑改造成民宿、餐厅、手工艺品店，不仅增加了收入，还能直接与旅游者互动，传播当地文化。当地政府和旅游开发者也注重倾听社区居民的声音，在旅游规划和决策过程中，充分征求居民意见，确保旅游发展符合社区利益。

同时，旅游收益的一部分被用于社区基础设施建设和公共服务改善，如修缮道路、改善供水供电系统、建设社区活动中心等，让居民切实感受到旅游发展带来的好处，从而更加积极地支持和参与旅游发展。

📧 知行合一

结合资料，分析意大利阿尔贝罗贝洛在践行可持续旅游和可持续设计上有哪些亮点，给我国现代旅游业发展带来什么启示？

模块 2　实践旅游服务设计

模块概述

在当前旅游业快速发展的背景下，旅游服务设计不仅需要理论知识，更需要实际操作能力。学生通过实践教学环节，深入理解旅游服务设计的流程和方法，培养创新思维和实际操作能力，以适应未来旅游业的发展需求。

英国设计协会（British Design Council）于 2005 年提出的双钻石服务设计流程（Double Diamond Design Process）是一种结构化的设计思维框架，用于指导设计师和团队高效解决问题。该模型可将设计过程分为发现（Discover）、定义（Define）、开发（Develop）和交付（Deliver）四个阶段。每个阶段都包含发散和收敛的思维过程，旨在帮助设计师系统地解决问题，并创造具有创新性的解决方案（表 2-1）。

表 2-1　双钻石服务设计流程

流程	目标	方法	结果
探索（Discover）	收集和研究大量信息，理解问题的全貌	用户调研、市场分析、观察、访谈、数据收集	广泛的洞察和灵感，为问题定义阶段提供基础
定义（Define）	分析和综合探索阶段的信息，明确设计问题和机会	数据分析、问题陈述、需求定义、设计准则制定	一个清晰、具体的问题陈述和设计方向
开发（Develop）	产生和发展解决方案的过程，探索各种可能的设计方案	头脑风暴、概念设计、原型制作、用户测试、迭代	多个初步解决方案和原型，为最终选择提供依据
交付（Deliver）	验证和完善最终方案，准备产品的详细设计和生产	详细设计、开发、测试、实施、发布	一个成熟的解决方案，准备推向市场或交付给用户

双钻石模型的设计策略包括以下四项。

（1）用户体验设计：以用户为中心，确保设计方案能够满足用户需求并提供良好的体验。

（2）迭代设计：通过多次测试和用户反馈，持续改进设计方案。

（3）跨团队协作：促进不同专业团队成员在设计过程中的协作，提高项目的整体效率。

（4）以用户为中心：强调用户需求和问题的发现与定义，确保设计过程始终以用户为中心。

通过双钻石模型，设计师能够系统地解决问题，创造创新的解决方案，并确保最终设计能够满足用户需求并实现商业目标。

学习目标

本模块遵循"探索→定义→开发→交付"的设计思维流程，培养旅游服务全流程设计能力。从解码旅游者文化基因到引爆服务社会价值，构建"洞察—创意—验证—传播"的完整能力链，重点解决文化体验同质化、服务系统断裂、价值传播失效等行业痛点。通过行业标杆案例，衔接"文化保护传承"与"体验经济创新"的双重使命。

认知目标

识记和理解旅游服务设计工具在双钻模型设计与应用场景及应用逻辑。

1. 探索阶段：PEST 分析 / 利益相关者图 / 文化探针 / 用户画像。

2. 定义阶段：服务生态图 /HMW 提问法 / 移情地图 / 服务蓝图 / 商业模式画布 / 三重底线评估。

3. 开发阶段：用户旅程地图 / 服务原型 / 触点矩阵 / 情感化设计卡片 / 场景故事板 / 空间情绪地图。

4. 交付阶段：服务系统图 / 角色扮演 /RATER 模型 / 明日头条。

能力目标

运用和提升解码文化基因、重塑价值网络、编织体验叙事和落地韧性服务等旅游服务设计综合能力。

1. 探索阶段：宏观环境研判能力 / 多方利益协调能力 / 隐性需求捕捉能力 / 细分客群洞察能力。

2. 定义阶段：生态系统可视化能力 / 痛点转化能力 / 情感需求解码能力 / 服务流程协同能力 / 商业逻辑梳理能力 / 可持续发展评估能力。

3. 开发阶段：关键时刻定位能力 / 快速验证能力 / 触点系统设计能力 / 情感体验塑造能力 / 体验叙事能力 / 环境调优能力。

4. 交付阶段：系统整合能力 / 压力测试能力 / 质量评估能力 / 价值传播能力。

情感目标

在服务设计中守护文化本真，平衡多方需求，用心理解用户，敢于突破传统，持续打磨优质体验。

1. 培养文化敏感性。
2. 强化系统责任感。
3. 激发服务同理心。
4. 建立创新自信。
5. 追求极致体验。

案例导入

巴松措林卡是松赞文旅集团在西藏林芝地区打造的高端生态度假项目，位于巴松措湖畔，依托藏地文化、自然景观和生态保护理念，构建了"在地文化＋生态旅游＋社区共生"的文旅融合模式。其开发建设体现了服务设计的系统性思维，强调用户需求、体验流程与在地资源的协同。

1. 在地文化沉浸式体验设计

巴松措林卡建筑以藏式传统村落为原型，采用本地石材、木材建造，客房内布置藏式手工艺品、唐卡、藏毯等，并邀请当地手工艺人参与装饰。

（1）用户旅程触点设计：从旅游者抵达时的藏式欢迎仪式（献哈达、青稞酒）到文化导览活动（藏香制作、转湖仪式），服务触点贯穿全程，强化文化沉浸感。

（2）文化叙事整合：通过空间设计、员工服务（本地藏族员工）、活动策划（藏历节日体验）构建连贯的文化叙事，满足旅游者对"原真性"体验的需求。

2. 生态保护与可持续服务系统

项目采用低碳建筑技术（地暖系统、雨水回收）、限制旅游者容量，并与环保组织合作开展巴松措湖生态监测。

（1）利益相关者协同：联动政府、非政府组织、当地社区形成生态保护网络，服务设计中嵌入环保责任（如垃圾分类提示、无塑料政策）。

（2）隐性服务传达：通过"无痕旅行"指南、自然教育课程，将环保理念转化为旅游者可感知的行为引导，提升服务价值。

3. 社区参与式服务共创

雇用周边村庄居民担任管家、向导，采购本地食材（松茸、牦牛肉），并设立"社区基金"支持村落教育。

（1）共创式服务生态：本地居民不仅是服务提供者，也是文化传播者，形成"旅游者—居民—企业"三方价值交换闭环。

（2）经济赋能设计：通过手工艺合作社、农产品直供等模式，将旅游收益反哺社区，增强服务可持续性。

4.数字化与人性化服务融合

提供线上藏文化知识库、定制化行程规划工具，同时保留人工管家"一对一"服务。

（1）全渠道体验整合：线上（App 行程管理）与线下（管家服务）无缝衔接，满足高端客群对便捷性与个性化的双重需求。

（2）情感化设计：管家通过记录旅游者偏好（如饮食禁忌、活动兴趣）形成个性化服务档案，提升用户黏性。

案例分析

以用户为中心的体验分层：针对不同旅游者类型（文化探索者、自然爱好者、高端度假客）设计差异化服务路径，如定制徒步路线、私密文化沙龙等。

服务触点与在地资源绑定：将藏式生活场景（如煨桑仪式、藏药浴）转化为可体验的服务产品，避免文化符号的肤浅商业化。

闭环反馈机制：通过旅游者评价、社区反馈、环境监测数据持续迭代服务，如调整活动时间以避免干扰野生动物迁徙。

挑战：文化体验与商业化平衡、生态承载力的长期管理。

建议：引入服务蓝图（Service Blueprint）工具，可视化核心服务流程中的潜在冲突点（如旺季旅游者过多，影响社区生活）。构建"数字孪生"系统，模拟不同服务方案对生态和文化的影响，辅助决策。

松赞巴松措林卡通过服务设计思维，将藏地文化、生态保护与社区发展整合为有机服务系统，其核心在于以"人"（旅游者、居民、员工）的需求为原点，通过精细化触点设计、利益相关者协同和可持续机制，实现商业价值与社会价值的共生。这一模式为高敏感度地区（生态脆弱、文化独特）的文旅开发提供了可参考的范本。

2.1　探索：洞察与发现

旅游服务设计的探索阶段如同绘制未知海域的航海图，需要以开放视角系统扫描宏观环境，潜入用户行为深海捕捉隐性需求。

➲ 关键行动

（1）环境解码：用 PEST 模型透视政策、经济、社会、技术四维浪潮。

（2）文化勘探：借助文化探针捕捉旅游者的情感记忆碎片。

（3）用户测绘：通过行为痕迹拼合出精准用户画像。

➲ 阶段价值

（1）将"某景区客流量下降"的模糊问题转化为"Z 世代旅游者对沉浸式体验的需求未被满足"的具体洞察。

（2）避免陷入"在旅游者中心增加咖啡厅"的过早解决方案，转而发现"旅游者在等待时更渴望文化获得感"。

（3）为后续设计提供可验证的决策依据（如探针数据显示 65% 旅游者对非遗技艺有深度体验意愿）。

➲ 学习目标

1. 方法掌握

（1）运用 PEST 分析模型诊断文旅政策与市场趋势的关联性。

（2）通过文化探针工具包捕获旅游者非语言表达的隐性需求。

2. 工具应用

（1）构建利益相关者权力矩阵，识别景区管委会、商户、旅游者的博弈关系。

（2）创建动态用户画像，融合消费数据与行为观察。

3. 成果交付

（1）输出包含 3 类文化符号聚类分析的文化探针报告。

（2）绘制利益相关者影响力度量图谱。

（3）完成典型旅游者画像卡（含人口属性 / 行为特征 / 情感需求三要素）。

➲ 阶段提示

（1）像人类学家一样观察：在凤凰古城记录旅游者触摸银饰的频率，比问卷更能揭示触觉体验价值。

（2）警惕数据幻觉：某在线旅游服务平台 4.8 分好评可能掩盖"亲子家庭找不到哺乳室"的尖锐问题。

（3）保持战略耐心：故宫用 7 年的探针数据积累，才打磨出"数字文物库"这一爆款服务。

2.1.1　语境分析：解读旅游服务生态系统

⊃ 任务目标

通过系统性环境扫描与利益相关者分析，界定旅游服务设计的创新边界与价值锚点。

⊃ 任务分析

（1）核心工具：PEST 模型、利益相关者图（Stakeholder Map）。

（2）设计原则：动态扫描、多维数据、层次化聚焦、冲突可视化、可操作导向。

⊃ 任务操作

1. PEST 模型：穿透旅游环境迷雾

[情景导入]

某旅行社策划"高校研学游"项目，因未遵守《校园参观管理条例》被叫停。问题本质：环境分析缺位导致设计脱轨。如何破局？PEST 框架助你建立旅游政策敏感度。

[工具认知]

PEST 模型是服务设计中用于分析宏观环境对服务系统影响的结构化工具，涵盖政治（Political）、经济（Economic）、社会（Social）、技术（Technological）四大维度。每个维度对应关键评估指标，形成系统性分析框架。通过对这四个方面进行分析，可以帮助企业或项目团队全面了解外部环境的变化，系统扫描旅游服务设计的宏观约束与机遇，为战略规划提供有力支持（表 2-2）。

表 2-2　PEST 模型的四大维度与指标

维度	关键指标	国内旅游场景示例
政治（P）	政策支持力度、行业监管强度、国际关系影响	《"十四五"旅游业发展规划》对智慧景区的资金扶持
经济（E）	人均可支配收入、消费结构变化、汇率波动	三、四线城市家庭旅游预算年均增长 12%
社会（S）	人口结构变迁、文化价值观演变、健康意识提升	Z 世代"特种兵式旅游"兴起，日均打卡 5 个景点
技术（T）	技术渗透率、数字化基建水平、新兴技术成熟度	5G+AR 导览覆盖 80% 的 5A 级景区

（1）PEST 模型的核心价值如下。

1）前瞻预警：识别政策变化（如文旅补贴调整）、技术革新（如 AI 导游）等对服务设计的冲击。

2）机会捕捉：发现未满足的市场需求（如银发族定制游）。

3）风险规避：预判社会趋势（如环保意识提升）对传统服务模式的挑战。

（2）进阶应用工具。

1）PESTEL 扩展：增加环境（Environmental）、法律（Legal）维度，评估碳中和政策对景区交通规划的影响。

2）动态监测系统：接入政府政策库、技术专利数据库实现实时预警（如及时应对《数据出境安全评估办法》的修订）。

［操作步骤］

（1）多源数据采集。

1）政治维度：收集文旅部政策文件、地方管理条例（如《黄山风景名胜区管理条例》）。

2）经济维度：分析国家统计局旅游消费数据、在线旅游服务平台订单金额分布。

3）社会维度：通过社交媒体情感分析（如小红书"露营"话题增长率）。

4）技术维度：调研景区智能设备覆盖率（如人脸识别闸机占比）。

（2）四维交叉分析。

1）机会矩阵：高政策支持＋高社会需求的领域优先布局（如红色旅游数字化）。

2）风险矩阵：强监管＋低技术成熟度的领域谨慎投入（如跨境旅游元宇宙）。

（3）情景推演。为每个维度设计最佳／最差／最可能情景。

（4）服务策略输出。

1）防御性策略：应对高风险情景（如建立应急预案库）。

2）进攻性策略：抢占高机会领域（如开发县域非遗体验游产品）。

 案例研习

大学校园游服务升级

PEST 穿透：

（1）政治：配合"全国高校开放计划"。

（2）经济：校友捐赠基金支持文化传播。

（3）社会：家长群体名校情结显著。

（4）技术：AI 讲解员实现多语种覆盖。

（5）成效：预约量提升 210%，二次消费增长 75%。

微课链接
全域旅游理念对旅游服务设计的影响

拓展阅读
PESTEL 分析模型

思考辨析

如何破解"拍照即离开"困局?

矛盾场景:旅游者在校园标志性建筑前停留≤ 3 分钟。

解析思路:设计"知识彩蛋"(扫描建筑二维码解锁冷知识)、设置"时光邮局"(寄出来自名校的明信片)。

2. 利益相关者图:绘制旅游权力网络

[情景导入]

某景区规划的"夜游灯光秀"因村民反对搁浅。根源:忽视本地居民祭祀场所保护。如何预判?利益相关者地图帮你透视旅游隐形权力结构。

[工具认知]

利益相关者图(Stakeholder Map)是一种用于识别和分析项目或服务中所有相关方及其相互关系的可视化工具。它帮助设计师和决策者理解不同利益相关者的需求、期望和影响力,从而优化服务设计和策略。利益相关者地图通常包括用户、员工、合作伙伴、政府机构等,按照其影响力和重要性进行分类。

(1)核心价值。

1)全景洞察:揭示服务生态中的显性与隐性参与者(如景区旅游者、周边居民、环保组织、OTA 平台)。

2)冲突管理:预测并调解不同群体的利益矛盾(如旅游者体验与生态保护的平衡)。

3)资源协同:挖掘跨利益相关者的合作机会(如政府文旅部门与本地商户联合营销)。

(2)关键特征。

1)动态分层:区分直接参与者(旅游者、员工)与间接影响者(政策制定者、行业协会)。

2)权力—兴趣矩阵:定位关键决策者与需重点沟通对象。

(3)进阶应用工具。

1)动态监测系统:接入舆情分析工具,实时追踪利益相关者态度变化(如微博话题情感分析)。

2)博弈论建模:预测政策调整对各方行为的连锁反应(如门票涨价对商户客流的影响)。

通过利益相关者图的系统应用,企业有效调解群体矛盾,验证复杂服务生态中关系管理的科学性与必要性(图 2-1)。

[操作步骤]

(1)识别利益相关者:列出所有可能影响或受项目影响的个体和组织,通过采用头脑风暴法与文档分析列出所有相关方(国内旅游示例:旅游者、导游、景区管委会、旅行社、交通运输部门、非遗传承人、周边村民、环保非政府组织、消防应急部门等)。

图 2-1　利益相关者图示例(乡村民宿经营者视角)

(2)利益相关者分类：根据合法性、权力性、紧急性、影响力和利益关系等指标，将利益相关者从管控者、经营者、体验者、影响者和共生者等维度进行分类。使用权力—兴趣矩阵进行映射(图 2-2)。

高权力—高兴趣 重点管理对象 (如文旅部门)	高权力—低兴趣 需满足需求对象 (如消防部门)
低权力—高兴趣 保持沟通对象 (如小商户)	低权力—低兴趣 最低限度关注对象 (如游客亲友)

图 2-2　利益相关者权力—兴趣矩阵

(3)绘制关系图：使用矩阵或网络图展示利益相关者之间协作、冲突或资源流动等关系。

(4)分析影响力：评估每个利益相关者的影响力和重要性。为每个利益相关者列出核心诉求与潜在矛盾。

(5)制定策略与验证：根据分析结果，制定与利益相关者合作的策略。

1)设计平衡性解决方案〔示例：针对"旅游者体验—生态保护"冲突，推出"碳积分门票"——旅游者完成环保任务(如垃圾分类)可兑换衍生品折扣〕。

2)可行性测试：通过角色扮演模拟各方反应，迭代方案。

大学导览服务设计

关键发现：高权力低利益群体为学院管理者（关注学术秩序）、低权力高利益群体为周边商户（依赖旅游者消费）。

破局策略：限定参观时段避开上课高峰、设计"学院徽章打卡"引导至商业街。

成果：投诉率下降 68%，商户营收增长 40%。

模板链接
利益相关者图
（Stakeholder Map）

思考辨析

代际需求鸿沟跨越

典型问题：银发族看不懂数字导览系统。

参考方案：开发"语音伴侣"实体设备、培训学生志愿者担任数字导览员。

微课链接
全域旅游框架下的
旅游利益相关者

实训工单

任务名称：校园游产品可行性分析

操作步骤：

1）PEST 扫描：分析目标院校所在城市文旅政策。

2）权力映射：绘制校方 / 旅行社 / 旅游者三方博弈图谱。

3）产品设计：提出 3 个文化体验触点方案。

交付成果：PEST 风险预警报告（含政策红线标注）、利益相关者影响力度量模型、文化触点体验流程图。

拓展阅读
2024"她经济"
洞察报告

学习锦囊

（1）政策分析要"顶天立地"——上接国家战略，下接地方特性。

（2）旅游者的镜头焦点往往暴露真实需求。

（3）记住：最脆弱的利益相关者可能成为项目引爆点。

2.1.2 用户洞察：解锁旅游行为隐形密码

任务目标

通过文化探针捕获隐性需求，构建精准用户画像，实现旅游服务的精准匹配。

➲ **任务分析**

（1）核心工具：文化探针（Cultural Probes）和用户画像（Persona）。

（2）设计原则：开放性原则、叙事性原则、动态性原则、可操作原则、可视化原则。

➲ **任务操作**

1. 文化探针：捕捉旅行中的文化暗号

[情景导入]

某民宿推出"乡村文化体验"，旅游者却抱怨"像走过场"。问题本质：需求挖掘流于形式。如何破局？文化探针助你发现旅游者心中的文化共鸣点。

[工具认知]

文化探针（Cultural Probes）是一种用于设计过程中激发创意的技术，它通过提供任务包和工具包，让参与者记录自己的生活、感受和交互，从而帮助设计师更好地理解用户的文化、思想和价值观。其核心在于通过开放式的任务包激发用户主动记录、反思和表达自身经历，从而捕捉服务场景中的隐性文化要素。这种方法强调主观性和开放性，能够揭示人们生活中原本不容易被观察到的方面。

（1）文化探针的内涵。

1）文化沉浸性：聚焦用户所处文化环境（如地域习俗、价值观、社交规则）对服务体验的影响。例如国内旅游中，旅游者对"家庭团聚""乡土情怀"的需求可能高于西方旅游者的"冒险探索"。

2）用户主体性：通过用户自主记录（如日记、照片、地图标记）避免研究者预设偏见，挖掘真实行为动机。

3）情感可视化：将抽象的体验（如"归属感""仪式感"）转化为可分析的实物数据（如手绘路线图、纪念品选择）。

4）服务迭代导向：结果用于优化服务触点（如景区导览设计、住宿体验），而非单纯学术研究。

（2）文化探针的核心指标。

1）参与深度。用户提交内容的完整性（如照片数量、文字描述细节）。

2）文化显性化。用户行为中体现的地域文化符号（如方言使用、节庆活动参与）。

3）情感强度。用户表达的积极/消极情绪比例（如对"家乡菜"的强烈偏好）。

4）行为模式。高频行为路径（如旅游者在古镇中重复停留的打卡点）。

文化探针工具运用遵循开放性、叙事性和游戏化设计原则（表2-3）。

表 2-3　文化探针设计原则

原则	实施要点	案例
开放性	避免引导性问题	拍下最让你心跳加速的角落
叙事性	创造文化故事载体	绘制你的茶马古道地图
游戏化	增加探索趣味性	收集 5 种民族纹样贴纸

（3）文化探针的局限与对策。

1）用户参与度波动——增加游戏化机制（如完成任务解锁景区折扣券）。

2）数据主观性强——结合眼动追踪等客观数据交叉验证。

3）文化符号误读风险——邀请本地文化顾问参与数据分析，避免过度解读。

文化探针通过"用户赋权"实现服务设计的文化适配，尤其适用于国内旅游这类强文化依赖场景。其价值不仅在于数据收集，更在于通过参与过程让用户成为服务共创者，最终实现文化认同与商业价值的双赢。

[操作步骤]

（1）设计探针工具包。

1）目标：适配用户文化特征，激发表达欲。

2）工具示例。

①明信片任务：让旅游者写下"最想带回家的瞬间"并邮寄给亲友。

②地图标记贴纸：用不同颜色标记"惊喜""失望""推荐"地点。

③拍照挑战卡：如"拍摄一张你认为最能代表本地生活的照片"。

④方言录音器：记录旅游者学会的当地方言词汇及使用场景。

（2）用户招募与分发。

1）目标用户：选择具有文化差异性的群体（如一线城市家庭旅游者和小镇青年背包客）。

2）分发策略：在旅游行程开始前通过线上渠道（如预订确认邮件）或线下触点（如酒店前台）发放工具包。

（3）数据回收与解读。

1）定性分析：对用户提交的图片、文字进行主题编码（如"家庭互动""怀旧情结"）。

2）定量分析：统计高频关键词（如"拥挤""传统"）、行为热点区域分布。

3）文化洞察提炼：如发现旅游者在古镇中更关注"手工艺体验"而非"历史讲解"（表 2-4）。

表 2-4　文化符号分析

符号类型	分析方法	丽江案例
物质符号	聚类拍摄热点	东巴文字门联

续表

符号类型	分析方法	丽江案例
行为符号	记录参与频率	篝火打跳时长
情感符号	文本情感分析	"归属感"关联纳西古乐

（4）服务优化建议。

1）触点改进：在旅游者标记的"失望区域"增设休息区或指示牌。

2）文化融入：设计方言主题的互动游戏，增强在地文化沉浸感。

3）情感化设计：提供定制明信片打印服务，强化"纪念品"的情感价值（表2-5）。

表2-5　文化需求转化

旅游者行为	文化需求	服务设计
反复触摸壁画复制品	渴求触觉体验	开发"泥板临摹"工作坊
收集多种语言导览册	文化考证兴趣	创建"壁画修复师"AR游戏

 案例研习

杭州西湖文化探针项目

背景：某文旅公司发现西湖旅游者停留时间短、二次消费低，希望通过文化探针挖掘深层需求。

（1）探针设计。任务包内容如下。

1）"西湖诗笺"。空白折页，邀请旅游者写下对西湖意境的联想（如诗句、歌词）。

2）"时间胶囊"。密封信封，让旅游者记录"十年后想对西湖说的话"。

3）"声音地图"。二维码链接，上传旅游者认为最具代表性的西湖声音（如划船水声、评弹片段）。

4）文化洞察。65%的旅游者将西湖与"爱情""古典文学"关联，但现有服务缺乏情感载体。

（2）改进措施。

1）推出"爱情地标"打卡路线（如断桥连心锁、月老祠互动签）。

2）在游船中增加AI语音讲解，根据旅游者提交的"诗笺"内容推荐相关诗词。

3）开发"西湖声音盲盒"文创产品，内含旅游者上传的高频自然声与环境声。

微课链接
民族志研究法

拓展阅读
2024中国旅游行业
年度报告

思考辨析

如何避免文化体验同质化?

矛盾场景:多地古镇均推出"汉服体验"。

解析思路:结合地方特有文化符号(如西塘的纽扣博物馆)、开发"在地文化认证"体系。

2.用户画像:绘制典型旅行者

[情景导入]

某旅行社主推"文化深度游",年轻客群却反馈"老派无趣"。问题根源为用户画像停留在年龄/性别维度。如何突破?动态画像法激活真实旅行者形象。

[工具认知]

用户画像(Persona)是一种在产品设计和市场研究中常见的用户模型,它基于对目标用户群体的深入理解,通过调研、访谈、数据分析等手段,构建出具有代表性和典型性的用户角色。用户画像通过对目标用户群体的行为、需求、痛点系统性抽象,形成典型虚拟角色。通常包含用户的基本属性、行为习惯、心理特征、使用场景等多个维度,旨在帮助企业和产品设计者更精准地把握用户需求,优化产品设计和提升用户体验(表2-6)。

表2-6 用户画像构建指标

维度	关键指标	国内旅游场景示例
基础属性	年龄、职业、收入水平、家庭结构	32岁女性,金融从业者,年薪25万元,育有5岁女儿
行为特征	消费渠道偏好、决策路径、技术使用能力	习惯用小红书查攻略,拒绝跟团游,擅长比价工具
心理动机	核心诉求、价值观、焦虑点	追求"高质量陪伴",担忧景区人流拥挤引发安全隐患
场景痛点	高频服务断点、未被满足的隐性需求	亲子卫生间短缺、景区餐饮儿童餐选项单一

(1)用户画像的核心价值。

1)共情锚点:将抽象数据转化为具象人物(如"带娃出游的85后妈妈"),驱动设计者跳出自我视角。

2)决策标尺:在服务设计争议时提供判断依据(如"该功能是否符合背包客王浩的需求?")。

3)需求聚类:识别不同用户群体的优先级差异(如银发族重安全、Z世代重社交）。

（2）关键原则。

1）数据驱动：基于真实用户调研（而非主观臆测）。

2）动态迭代：随用户行为变化定期更新（如2023年自驾游需求激增）。

（3）进阶应用工具

1）动态画像系统：接入实时数据（如天气、交通）调整服务策略（雨天自动推送室内项目）。

2）反画像设计：针对"非目标用户"优化体验（如商务旅客误入亲子区的快速导引）。

通过用户画像的系统应用可印证以用户为中心的设计方法论在文旅场景中的实践价值（图2-3）。

旅游价值观 "旅行是家庭关系的润滑剂，既要让孩子看世界，也要给自己充电"

旅游习惯/特征
- 年假规律：每年3次家庭游（寒暑假+国庆）+2次夫妻短途游
- 行程风格：攻略型游客（提前2个月制定Excel行程表）
- 预订渠道：80%通过在线旅游服务平台旗舰店，20%熟人推荐私域渠道
- 内容消费：小红书收藏亲子探店笔记，关注Lonely Planet公众号
- 特色偏好：博物馆/科技馆必打卡，酒店要有亲子泳池和儿童俱乐部

旅游核心需求
- 安全底线：医疗应急方案>儿童友好设施>食品安全认证
- 教育价值：自然研学项目>文化体验课程>语言实践场景
- 效率体验：电子票务服务>行李寄送服务>智能语音导览
- 社交货币：Ins风拍照场景>米其林推荐餐厅>限量文创产品

游客自述
"上次在京都的儿童和服体验让我女儿对历史产生兴趣，这就是我想要的旅行——不能只是走马观花。希望找到既能让朵朵接触多元文化，又有时间让我在精品酒店喝杯手冲咖啡的行程，最好不用背着妈咪包暴走两万步……"

消费决策因子权重
- 价格敏感度：★★★☆☆（愿为品质支付30%溢价）
- 品牌依赖性：★★★★☆（优先选择IHG/万豪等连锁集团）
- 服务期待值：★★★★★（要求24小时双语管家）
- 科技融合度：★★★★☆（倾向使用AR导览等智能设备）

品牌引力场分析
- MUJI式审美迁移：偏爱"去Logo化"设计（如安缦酒店极简风）
- 金融从业者特质：会计算酒店积分兑换最优方案
- 中产育儿观投射：关注"蒙氏教育"理念的亲子活动设计

旅行痛点
- 服务断层：高端酒店儿童餐单仍以炸鸡、薯条为主，缺乏有机食品
- 空间冲突：网红打卡点与儿童活动区动线混杂（如teamLab展览）
- 信息焦虑：海外景区实时安全预警系统不完善（如突发天气通知）

行业机会点
- 推出"知识型亲子旅行"产品线：博物馆专家随行讲解+儿童任务手册
- 开发"父母喘息服务"：酒店托管认证+家长SPA套餐时段组合
- 设计"金融家庭专属权益"：旅行分期免息+境外消费返现联名卡

基本信息
- 姓名：李敏
- 性别：女
- 年龄：32岁
- 学历：工商管理硕士（上海财经大学）
- 职业：某外资银行财富管理部高级经理
- 年薪：25万元（税后）
- 家庭结构：已婚，大夫为IT工程师（年薪40万元），女儿5岁（幼儿园大班）
- 常住地：上海浦东新区
- 座驾：特斯拉Model 3，公司充电补贴
- 居住情况：90 m²学区房（贷款中）

图 2-3　用户画像示例

[**操作步骤**]

（1）数据采集。

1）定量数据：预订平台消费记录（如携程订单频次、客单价）、景区闸机通行时段热力图（停留时长分析）。

2）定性数据：深度访谈（追问"为什么在黄山选择索道而非徒步"）、用户日记法（记录三亚旅行全程的情绪波动点）。

（2）行为聚类分析。使用聚类分析算法划分用户群：家庭亲子型（占比38%），重视儿童设施、偏好短途游；银发摄影型（22%），关注无障碍通道、日出拍摄点位；极限挑战型（15%），追求徒步穿越、野外露营。

（3）画像原型提取。模板要素包括以下三项。

1）姓名/照片：李敏（32岁，上海金融从业者，女儿5岁）。

2）典型语录："景区排队时间超过20分钟我就会焦虑，孩子容易闹情绪。"

3）技术触点：高德地图标记母婴室，大众点评筛选亲子餐厅。

（4）需求—痛点矩阵。按发生频率与影响程度排序（图2-4）。

高频—高影响 紧急优化区 （景区急救站缺失）	高频—低影响 体验加分区 （纪念品包装设计）
低频—高影响 风险管控区 （野外迷路救援）	低频—低影响 可忽略区 （外币兑换服务）

图2-4 用户画像需求—痛点矩阵

（5）场景故事板验证。模拟用户旅程（如李敏一家从杭州到乌镇的完整行程），检测画像与实际行为的偏差率。

（6）跨部门共识对齐。输出可视化看板，包含用户决策地图（从种草到复购的全链路触点）、服务优先级评分卡（按画像需求权重排序）。

📖 案例研习

西安大唐不夜城亲子用户画像应用

背景痛点：传统表演项目对儿童吸引力不足，家庭旅游者停留时间短。画像构建过程如下。

（1）数据采集：分析2万条亲子游点评，提取关键词。正向："互动性强""孩子玩得开心"；负向："表演太文雅""缺少休息区"。

（2）核心画像生成。

1）姓名：陈晓琳（35岁，北京小学教师，儿子7岁）。

2）行为特征：提前1个月规划行程，抖音收藏"带娃攻略"。日均预算500元，拒绝低质纪念品。

3）核心诉求：文化体验需具象化（如角色扮演而非静态观赏）。每90分钟需要有休憩点（儿童体力限制）。

（3）服务设计输出。

1）互动改造：增设"唐装小卫士"巡游，儿童可参与队列演练。开发AR投壶游戏，击中目标触发诗词动画。

2）设施升级：设立"能量补给站"（提供儿童营养简餐）。婴儿车租赁点增加凉棚与充电插座。

效果验证：家庭旅游者平均停留时长从2.1小时增至4.5小时。亲子相关小红书笔记增长320%，带动周末客流提升27%。

模板链接
用户画像
（Persona）

思考辨析

数据隐私边界把控

典型问题：旅游者轨迹数据用于商业推送。

参考方案：采用去标识化处理、建立数据使用透明公示机制。

微课链接
旅游服务设计工具：
KANO 模型

➲ 实训工单

任务名称：校园访客文化体验设计

（1）操作步骤。

1）探针设计：制作含"拍摄＋贴纸＋留言"的校园体验包。

2）数据采集：邀请 10 人体验并收集反馈。

3）画像构建：创建"家长／学生／校友"三类典型画像。

（2）交付成果：探针工具包实物图（需标注任务说明）、文化体验热点分布图、用户画像卡（含人口／行为／需求三要素）。

拓展阅读
2023 中国旅行消费
趋势洞察白皮书

➲ 学习锦囊

（1）探针设计要像"好奇心诱捕器"——用有趣的任务激发真实表达。

（2）画像不是虚构人设，而是从数据中"生长"出的典型代表。

（3）记住：最好的服务设计是让旅游者觉得"这就是为我准备的"。

2.2 定义：聚焦与重构

旅游服务设计的定义阶段如同将航海图转化为精准坐标，需要将探索阶段的海量信息提炼为可供行动参考的设计标靶。

关键行动

（1）需求熔炼：用移情地图解码旅游者的情感暗语。

（2）机会重构：通过 HMW 提问法激发创新视角。

（3）生态编织：用服务生态图串联利益相关者价值网络。

阶段价值

（1）将"旅游者抱怨导览混乱"转化为"HMW 让文化解说像寻宝一样有趣？"的设计挑战。

（2）避免"简单增加指示牌"的治标方案，重构"基于旅游者认知习惯的动线叙事"。

（3）构建可持续的服务系统（如服务蓝图标注文化保护与商业收益的平衡点）。

学习目标

1. 方法掌握

（1）运用 HMW 提问法转化痛点为设计机会。

（2）通过三重底线评估服务可持续性。

2. 工具应用

（1）绘制服务生态图揭示资源流动关系。

（2）构建服务蓝图协调前台体验与后台支持。

3. 成果交付

（1）输出包含 3 类利益相关者诉求的生态图。

（2）完成服务蓝图文档（标注 5 个关键协作节点）。

（3）提交三重底线评估报告（经济 / 社会 / 环境效益）。

阶段提示

（1）像翻译家般工作：日本环球影城将"旅游者怕晒"痛点转化为"魔法遮阳伞租赁"服务。

（2）警惕单向思维：某景区因忽视环保底线，数字化项目遭到生态保护组织抵制。

（3）保持系统观：故宫服务蓝图同步标注旅游者动线与文物微环境监测点。

2.2.1　服务提供：解构旅游服务核心主张

⊃ 任务目标

通过用户调研数据，提炼旅游服务的核心价值主张，明确"我们为谁解决什么问题"。

⊃ 任务分析

（1）核心工具：服务生态图（Service Ecology Map）、"How Might We"（HMW）提问法。

（2）设计原则：全景映射原则、问题转化原则、动态聚焦原则、可行性原则、可视化协作原则。

⊃ 任务操作

1. 服务生态图：看见看不见的关系网

[情景导入]

假设你要为西湖设计文创产品，却发现茶农抱怨旅游者只拍照不消费、旅游者吐槽商业摊点破坏景观、城管部门苦于管理难度大。这时就需要一张"服务生态图"，像 X 光片一样透视各方关系。

[工具认知]

<u>服务生态图（Service Ecosystem Map）是旅游服务设计中的一种可视化工具，用于描述和解析旅游服务系统中各参与方（利益相关者）及其相互关系的复杂网络。</u>它帮助设计师理解旅游服务的整体结构，识别价值流动、资源交换和协作关系，从而发现优化点或创新机会。服务生态图是服务设计的核心工具之一，能帮助设计团队在复杂系统中找到杠杆点，实现更可持续、用户友好的服务创新。

服务生态图是服务设计项目特有的构思方法，一般用来探索围绕这项服务中的 5W1H，即从 What、Where、When、Who、Why 和 How 这样的角度完全展开服务的生态，然后从中寻找和构建新的生态可能性。需要将 5W1H 的各个角度分别填入每个扇形，进而通过在各个元素之间建立连接来构建可能性（图 2-5）。

（1）服务生态图的内容。

1）利益相关者。直接参与者：用户、员工、企业、供应商等直接参与服务交付的角色；间接参与者：政府机构、技术平台、第三方服务商等支持性角色；环境因素：政策法规、社会文化、基础设施等外部影响。

2）关系与互动。参与者之间的价值交换（如资金、信息、资源、情感等）；协作、依赖或冲突的交互模式（如用户与客服的沟通、企业与供应商的合作）。

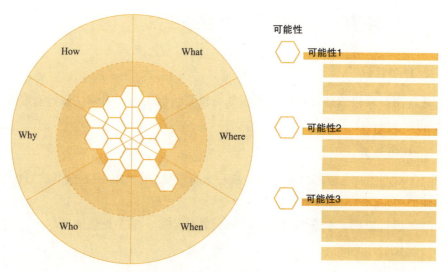

图 2-5 服务生态图示例

3）流程与触点。服务的关键阶段（如需求触发、交付、反馈）；用户与服务的接触点（如 App 界面、线下门店、客服电话）。

4）资源与能力。各参与者提供的资源（如数据、技术、资金）；核心能力（如平台的数据分析能力、员工的培训体系）。

（2）服务生态图的作用。

1）系统视角。跳出单一用户旅程，从全局理解服务如何运作。

2）发现痛点。识别利益相关者之间的断点、资源浪费或矛盾。

3）创新机会。通过重新连接资源或角色，设计新的协作模式。

4）促进共识。帮助团队、用户或不同的部门统一对服务系统的理解。

（3）绘制服务生态图。

1）确定范围：明确服务边界（如聚焦某个细分场景还是全流程）。

2）识别参与者：通过调研、访谈、利益相关者分析列出所有相关方。

3）定义关系：标注各方之间的互动类型（如合作、竞争、支持）。

4）映射价值流：用箭头标明资源、信息或资金的流动方向。

5）验证与迭代：与实际业务场景对照，修正不完整或错误的部分。

（4）绘制服务生态图的注意事项。

1）避免过度复杂：根据目标聚焦关键参与者和关系。

2）动态更新：服务生态会随技术、政策或用户需求变化而演变。

3）结合其他工具：与服务蓝图、用户旅程图配合使用更有效。

［操作步骤］

（1）绘制角色网络（核心角色：旅游者、景区管理方、商户、在地居民等；支持角色：政府部门、旅行社、交通运营商等，用不同颜色标注直接参与方与支持方）。

（2）标注价值交换（正向流动，如旅游者支付门票→景区提供景观；负向冲突，如摊贩占道经营→旅游者体验下降。技巧：用箭头粗细表示关系强弱，闪电符号标记矛盾点）。

（3）识别关键矛盾（典型矛盾类型、表现形式和解决思路）。

（4）设计解决方案（如在西湖文创设计案例中，划定"无摊化"观景带解决视觉污染、推出"移动茶车"保留消费场景、开发"茶文化体验套餐"提升消费质量等）。

乌镇戏剧节服务生态优化

矛盾焦点：艺术家创作自由和旅游者体验需求。

解决方案：划分"静默创作区"与"互动体验区"，设置"艺术导赏员"角色衔接双方。

项目成效：艺术家满意度提升 40%，旅游者好评率增加 25%。

模板链接
服务生态图
（Service Ecosystem
Map）

绘制城市共享单车服务生态图

涉及角色：骑行者、运维人员、城管部门、社区居民等。

典型矛盾：乱停乱放影响市容和出行便利需求。

思考：如何通过服务设计实现"便捷"与"秩序"的平衡？

微课链接
全域旅游理念与
旅游服务设计思维
的关系

2. HMW 提问法：把问题变成机会

［情景导入］

某古镇面临困境：白天旅游者挤在桥头拍照，夜晚街道冷清商户早关。

传统思路："增加安保维持秩序"和设计思维："如何让拍照体验成为引流入口？"

拓展阅读
5W1H 分析法

［工具认知］

HMW 提问法（How Might We... 我们可以怎样做？）是设计思维中用于将问题转化为创新机会的核心工具，用来将问题转化为机会，激发创新解决方案。它通常是在发现问题后，将挑战转化为积极的提问，帮助旅游服务设计团队保持开放心态。其本质是通过开放性提问引导团队突破思维定式，在用户痛点与商业目标之间找到平衡点，将抱怨转化为创新机会。

HMW 提问法价值体现在以下三个方面。

（1）机会导向：将"问题"转化为"可探索的可能性"（如将"旅游者抱怨

景区排队"转化为"如何让等待时间更有价值")。

（2）聚焦边界："Might"保留试错空间，既避免绝对化（How Can We）的局限，又防止过度发散（What If）。

（3）协作语言：中立的提问方式降低团队对抗性，激发跨角色共创。

［操作步骤］

（1）提炼用户痛点（原始抱怨为"晚上除了酒吧没有地方可去"，深层需求为夜间文化体验、安全舒适的社交空间）。

（2）转换 HMW 问题（基础版：我们如何延长旅游者夜间停留时间？进阶版：我们如何利用古镇建筑特色，打造沉浸式夜游体验？创新版：我们如何让本地居民成为夜间文化体验的共创者？）。

（3）筛选优质问题［评估标准：可行性（现有资源可支持）、价值度（满足核心用户需求）、新颖性（区别于竞品方案）］（表 2-7）。

表 2-7　HMW 使用"观察→洞察→提问"公式重构问题示例

原始痛点	用户洞察	HMW 问题
"解说牌字太多看不进去"	年轻人渴望沉浸式文化体验而非被动接受信息	HMW 通过游戏化交互增强历史感知？
"跟着网红推荐吃到不正宗泡馍"	旅游者需要鉴别当地特色美食的能力	HMW 帮助旅游者快速识别本地人认证的餐饮场所？
"兵马俑回市区等了 1 小时网约车"	景区周边存在潮汐性交通需求	HMW 构建动态拼车系统匹配离场旅游者？

HMW 问题通常以"How Might We..."开头，旨在开放而非限制思路，HMW 提问法并没有完全固定的模板，但它遵循一些通用的设计原则和结构，以确保提问的有效性和启发性。以下是一些常用的框架和设计思路，可以帮助你灵活构建 HMW 问题。

（1）基础结构：开放式提问。核心句式以"How Might We...?"开头，将问题转化为开放的机会点。HMW 提问法常用句式：我们如何通过［手段］，让［用户］在［场景］实现［价值］？

（2）常见设计方向（灵活组合）。分解挑战：将大问题拆解为具体子问题。改变用户群体：从不同人群视角提问。增加约束：通过限制激发创意。

（3）结合设计思维阶段。HMW 问题可根据设计流程调整侧重点：在同理心阶段，可聚焦用户痛点；在定义阶段，可明确核心问题。

（4）避免常见误区：不要过于宽泛、避免消极表述。

（5）实用技巧：从洞察出发，基于用户调研数据或观察结果提问。多角度发散，对同一问题生成 5～10 个 HMW，再筛选最佳方向。结合"Yes，and..."，在团队讨论中用创意延伸补充问题。

HMW 的核心是将问题转化为机会，而非套用模板。可以根据具体场景混合使用上述策略，关键是保持提问的开放性、具体性和行动导向。最终目标是通过问题激发多样化的解决方案，而非追求标准化格式。

周庄夜游升级方案

HMW 问题：我们如何让旅游者发现古镇夜晚比白天更迷人？

解决方案：光影叙事（用投影技术活化沈厅张宅的历史故事）、船宴体验（推出"摇橹船＋苏帮菜"定制晚宴）、文化守夜人（邀请老居民讲述"午夜周庄"的隐秘往事）。

项目成效：过夜旅游者比例从 18% 提升至 35%。

模板链接
HMW 提问法
(How Might We)

微课链接
深度访谈

拓展阅读
5 Whys 研究法

思考辨析

重构古镇昼夜体验失衡问题

原始痛点：白天拥挤拍照，夜晚客流稀少。

HMW 转化示例：我们如何将拍照点转化为夜间体验入口？我们如何用白天客流为夜间活动导流？

⟳ 实训工单

任务名称：校园文创店服务生态优化

（1）操作步骤：访谈同学、店员、后勤管理人员，绘制当前服务生态图（标注学习用品采购、纪念品销售等关系），提出 3 个 HMW 问题（如"如何让外地家长远程参与校园文创消费"）。

（2）交付成果：服务生态图（手绘或电子版），HMW 问题清单及优先级排序。

⟳ 学习锦囊

（1）服务生态图要像"旅游攻略地图"一样直观易懂。

（2）HMW 问题要多问"为什么"(Why)，深挖本质需求。

（3）记住：好问题比正确答案更重要。

2.2.2　服务要素：解析旅游服务体验架构

⟳ 任务目标

确定旅游服务的关键触点与流程，设计符合用户需求的体验路径。

⊃ **任务分析**

（1）工具应用：移情地图（Empathy Map）、服务蓝图（Service Blueprint）。

（2）设计原则：共情穿透原则、触点分级原则、断点可视原则、动态迭代原则。

⊃ **任务操作**

1. 移情地图：听见用户的心声

[**情景导入**]

某自然博物馆发现：家长抱怨孩子看展时总走神，孩子却说"那些字好无聊"。如何解决这对矛盾？答案藏在用户的真实需求中——用移情地图破解行为背后的深层动机。

[**工具认知**]

移情地图（Empathy Map）是一种可视化工具，用于系统化地理解目标用户/群体的需求、行为和感受。其核心在于通过"换位思考"，将用户的主观体验转化为可分析的客观信息，帮助团队突破自身视角局限，精准捕捉用户痛点与潜在需求。移情地图通常用于用户体验设计或产品开发，帮助团队更好地理解用户的需求和感受。它由用户所说的（Say）、用户所做的（Do）、用户所想的（Think）和用户所感觉的（Feel）四个关键要素构成。这些要素帮助团队全面梳理用户的行为和心理，从而洞察用户痛点（Pain）和企业机会点（Gain），为产品设计和优化提供依据。如果研究需要，也可以把用户所听到的（Hear）、所看到的（See）作为象限予以观察（图2-6）。

图2-6　移情地图示例（以"一线城市年轻上班族周末短途游"为例）

（1）移情地图的核心价值。

1）用户画像具象化：将抽象的用户群体转化为具体可感知的个体。

2）需求分层：区分用户显性需求（明确表达的）与隐性需求（未言明的深层动机）。

3）决策支持：为产品设计、服务优化或营销策略提供数据化依据。

（2）进阶应用工具。

1）动态分层：针对不同用户群体（如家庭游 / 情侣游 / 独自旅行）制作对比地图，识别差异化需求。

2）场景叠加：结合时间维度（行前规划 / 途中体验 / 返程反馈）绘制旅程全周期地图。

3）数据验证：通过在线旅游服务平台评论分析、搜索热词统计等量化数据修正主观判断偏差。

（3）优秀的移情地图需把握"3D 原则"。

1）Depth（深度）：追问"为什么"直至触及情感动机（如"想拍美照"背后可能是社交认同需求）。

2）Diversity（多样性）：避免将用户简化为单一画像，需覆盖边缘案例。

3）Dynamic（动态性）：定期更新以反映市场变化（如近年来游客更关注安全与灵活性）。

通过这种结构化分析，设计团队能更精准地设计出如"美团旅行"的"周末玩咖"专题频道，或"马蜂窝"的"避坑指南"等爆款功能，实现真正的用户价值创新。

［操作步骤］

（1）收集用户信息［数据来源：访谈语录（"孩子总催着快走"）、行为观察（在恐龙展区停留时间最短）、社交媒体评论（"展板字太小看不清"）］。

（2）填充四象限（将用户行为数据转化为"说—想—做—感"四维度洞察）（表 2-8）。

表 2-8　移情地图四象限要素示例

象限	内容	案例（上海自然博物馆亲子用户）
说	直接表达的需求	"这些恐龙模型好酷！"
想	未明说的期待	"要是能互动就更好了"
做	实际行为表现	快速跳过文字展板
感	情绪波动	孩子感到无聊，家长焦虑

（3）推导设计机会（痛点：单向信息传递导致参与度低；机会点：AR 互动、游戏化探索、分龄导览）。

模板链接
移情地图
（Empathy Map）

微课链接
旅游凝视

拓展阅读
JTBD（Jobs To Be
Done）洞察法

 **案例研习**

上海自然博物馆 AR 导览系统

旅游者痛点：儿童注意力分散，家长导览压力大。

解决方案：开发"恐龙对话"AR 功能，点击展品触发科普动画，设置"化石猎人"任务，收集虚拟徽章兑换纪念品。

项目成效：亲子家庭停留时间延长 40%，二次参观率提升 22%。

思考辨析

如何让后台服务被旅游者感知？

参考方案：在 App 中展示"今日服务报告"（如清洁消毒记录），设置"幕后英雄"互动墙（介绍运维团队故事）。

2. 服务蓝图：让隐性服务看得见

［情景导入］

旅游者扫码获取语音导览时，可能不知道背后需要：内容团队撰写脚本、技术部门维护系统、数据分析师优化推荐算法。服务蓝图就像一台摄像机，同时记录前台体验与后台支撑。

［工具认知］

服务蓝图（Service Blueprint）是一种图形化的表达工具，用于描述服务的交付过程、参与者、关键触点及各种交互。它不仅涉及用户接触点的体验，还包括在幕后支持这些接触点的所有内部流程和系统。服务蓝图的构成要素包括用户旅程、关键触点、前台和后台活动及参与者等。其设计目标是通过可视化服务全流程，改善用户体验、优化内部流程和促进跨部门合作。

（1）服务蓝图的核心（表 2-9）。服务蓝图的核心在于将"无形服务"转化为"有形流程"，强调以下要素。

1）用户行为：用户在服务过程中的具体行动（如预订、咨询、使用服务）。

2）前台接触点：用户直接接触的服务人员或界面（如导游、客服、网站）。

3）后台支持：用户不可见但支撑前台运作的内部流程（如订单处理、车辆调度）。

4）支持系统：技术、设备或第三方资源（如预订系统、酒店管理系统）。

5）物理证据：服务过程中用户感知到的有形元素（如门票、酒店房间、宣传单）。

表 2-9　服务蓝图核心要素示例

层级	内容	案例（景区语音导览）
前台触点	用户直接感知的交互	扫码、播放、收藏
后台支持	内部运营保障	脚本编写、系统维护
隐形流程	用户不可见的逻辑	数据埋点、智能推荐

（2）服务蓝图的价值。

1）对用户：减少信息不对称，提升体验流畅度。

2）对企业：精准定位资源浪费环节（如重复确认订单），降低运营成本。

3）对员工：明确职责边界（如导游专注服务、后台专注调度），避免推诿。

通过服务蓝图，国内旅游企业可系统性优化"人—流程—技术"的协同，最终实现用户满意与效率提升的双赢（图 2-7）。

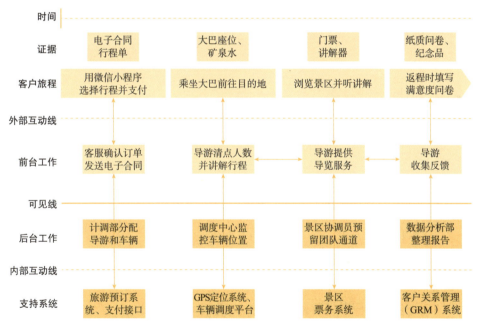

图 2-7　服务蓝图示例（以"散客跟团游"为例）

［操作步骤］

（1）拆解服务阶段（行前信息获取、行中体验活动、行后反馈收集）。

（2）映射四层结构（用户行为、前台活动、后台活动、支持系统）。

（3）优化服务断点（典型问题：后台脚本更新延迟导致内容过时、数据未打通导致推荐不精准；解决方案：建立"内容版本管理"机制、打通票务系统与导览数据）。

模板链接
服务蓝图（Service
Blueprint）

微课链接
峰终体验

拓展阅读
DVF 筛选

📖 **案例研习**

迪士尼乐园快速通行证（FastPass）

（1）前台触点：扫码领取预约时段。

（2）后台支持：算法动态调配排队资源。

（3）隐形流程：实时监测各项目等候人数。

（4）设计亮点：将后台算力转化为旅游者可感知的"时间节省"。

📹 **思考辨析**

亲子导览服务的峰终时刻设计

（1）起点：领取探险任务包（仪式感）。

（2）高峰：完成隐藏任务获得勋章（成就感）。

（3）终点：兑换限定版纪念品（记忆锚点）。

➲ **实训工单**

任务名称：校园开放日导览服务设计

（1）操作步骤：访谈参观家庭，制作移情地图；绘制服务蓝图（标注讲解员培训、路线调度等后台流程）；设计"峰终体验"触点（如纪念合影墙＋电子纪念册）。

（2）交付成果：移情地图（标注 3 个以上核心洞察点）、服务蓝图（包含至少 2 个后台优化点）、峰终体验设计方案（图文说明）。

➲ **学习锦囊**

（1）移情地图要像"用户日记"一样真实生动。

（2）服务蓝图不是流程图，需要体现"前台—后台—支持"三层联动。

（3）记住：好服务是看得见的体贴＋看不见的用心。

2.2.3　商业模式：解码旅游服务商业基因

➲ **任务目标**

设计可持续的旅游服务价值闭环，平衡文化保护、经济收益与社会效益。

➲ **任务分析**

（1）工具应用：商业模式画布（Business Model Canvas）、三重底线评估。

（2）设计原则：模块协同原则、三重显化原则、文化定价原则、动态演化原则。

⊃ **任务操作**

1.商业模式画布：构建服务价值网络

［情景导入］

某非遗工坊面临困境：老手艺人担忧技艺失传、旅游者觉得体验项目单一、运营成本持续攀升。如何破解？商业模式画布帮助你像搭积木一样的重组资源。

［工具认知］

商业模式画布（Business Model Canvas）是一种用于描述和分析商业模式的工具，用于系统化描述、设计和优化企业的商业模式。它以简洁的模块结构，帮助企业快速梳理核心逻辑，覆盖从用户价值到成本收益的所有关键环节。商业模式画布由九个关键要素组成，包括重要伙伴、关键业务、核心资源、价值主张、客户关系、渠道通路、客户细分、成本结构、收入来源。这些要素相互关联，通过可视化商业逻辑，串联价值创造与收益获取，共同描述了企业如何创造、传递和捕获价值（图 2-8）。

重要伙伴	关键业务	价值主张	客户关系	客户细分
·航空公司 ·连锁酒店集团 ·地方政府（文旅合作） ·支付平台（支付宝/微信）	·平台技术开发 ·旅游资源采购 ·精准营销（如节假日促销） ·用户数据分析 **核心资源** ·大数据算法（动态定价） ·供应链资源（酒店/航空合作） ·品牌信任度	·提供"一站式"旅游服务（机票+酒店+景点门票） ·低价保障 ·个性化行程定制	·会员等级体系（如钻石会员专属优惠） ·24小时客服 ·用户评价社区 **渠道通路** ·手机App ·微信小程序 ·线下旅行社门店 ·KOL直播带货	·家庭游客（亲子游） ·年轻背包客（自由行） ·商务差旅人群 ·银发族（老年旅游）

成本结构	收入来源
·技术研发成本 ·市场营销费用（如综艺冠名） ·人力成本（客服/地推） ·服务器运维	·佣金（酒店/景区） ·广告费（商家竞价排名） ·保险销售 ·会员订阅费

图 2-8　商业模式画布示例（以某在线旅游服务平台旅游业务为例）

通过商业模式画布展示旅游企业商业模式的各个要素，企业能清晰定位自身优势，识别优化点，并在资源有限的情况下聚焦核心问题，从而提升市场竞争力和用户满意度。例如，国内旅游平台通过画布可发现：提升供应链整合能力（核心资源）和强化个性化推荐算法（关键业务）是差异化竞争的关键。

商业模式画布具有直观高效的优势，适用于初创企业快速试错。同时，也需结合动态环境变化进行综合分析。

［操作步骤］

（1）明确目标用户：确定目标用户群体，分析其需求和行为。

（2）定义价值主张：明确企业为用户提供什么独特的产品或服务，解决用户的痛点。

（3）选择渠道通路：确定如何将产品或服务传递给用户，包括线上渠道和线下渠道。

（4）建立用户关系：规划如何与用户互动，提升用户满意度和忠诚度。

（5）设计收入来源：明确企业的收入来源，如产品销售、服务收费等。

（6）识别关键资源：列出企业实现价值主张所需的资源，如资金、人才、技术等。

（7）规划关键活动：确定企业需要开展的核心活动，如研发、营销等。

（8）寻找合作伙伴：识别能够帮助企业实现目标的合作伙伴。

（9）分析成本结构：评估企业运营的主要成本，如人力成本、营销费用等。

 **案例研习**

景德镇陶溪川文创园

商业模式画布核心要素分析见表2-10。

表2-10　商业模式画布核心要素分析（以"景德镇陶溪川文创园"为例）

模块	内容	设计亮点
关键资源	非遗传承人、工业遗产空间	老厂房改造为文创市集
成本结构	导师费38%、空间运维25%	采用"共享工坊"降低固定成本
收入来源	体验课45%、市集抽成30%、IP授权25%	开发"陶溪川"联名茶具
可持续性	手艺人收入增长50%，年轻学徒增加3倍	建立"传习基金"反哺社区

模板链接
商业模式画布
（Business Model Canvas）

微课链接
文旅融合语境下的
商业模式创新

 **思考辨析**

公益项目如何盈利？

解析案例：苏州博物馆

（1）免费服务：常设展览、公共讲座。

（2）收费项目：特展门票、文创销售、定制导览。

（3）项目成效：年营收1.2亿元，反哺文物修复。

拓展阅读
三层商业模式画布

2. 三重底线评估：可持续性检验

[情景导入]

某古镇免费开放后，旅游者量暴增导致文物损坏、商户低价竞争拉低体验、居民抗议过度商业化。可持续性清单帮助你预警风险。

[工具认知]

三重底线评估（Triple Bottom Line，TBL）是一种综合衡量服务可持续性的方法论，强调在经济、社会和环境三个维度上实现平衡发展。其核心目标是避免以单一经济收益为导向的设计，而是通过系统性分析确保服务在盈利的同时，对社会公平和生态保护产生积极影响。

三重底线评估指标如下。

（1）经济维度（Profit）。确保服务的经济可行性，包括收入、成本效益、就业机会等。关键指标包括直接经济收益（如门票收入、商品销售）；本地就业率提升；服务运营成本与投资回报率（ROI）；供应链本地化比例（如本地采购占比）。

（2）社会维度（People）。关注服务对社区、文化传承和用户福祉的贡献。关键指标包括社区参与度（如本地居民在服务中的角色）；文化保护与传承（如非遗体验活动的开发）；旅游者满意度与安全；服务对弱势群体的包容性（如无障碍设施覆盖率）。

（3）环境维度（Planet）。减少资源消耗和生态破坏，推动低碳化与循环利用。关键指标包括能源 / 水资源消耗量；碳排放量（交通、住宿等环节）；废弃物回收率；生物多样性保护措施（如景区生态修复面积)（表 2-11 ）。

表 2-11　三重底线评估示例（以"某历史文化古镇"为例）

评估维度	主要措施	评估指标
经济维度	引入"一店一品"政策，限制重复业态，鼓励特色手工艺品店	特色店铺占比从 30% 提升至 65%，旅游者二次消费增加 20%
社会维度	建立本土文化传习院，旅游者可参与民族文字学习、传统歌舞体验	本地居民就业率提升至 80%，旅游者文化满意度达 90%
环境维度	推行"低碳景区"计划：景区内禁止燃油车，改用电动车接驳	年碳排放减少 15%，污水循环利用率达 70%

三重底线评估通过系统性框架将可持续发展目标融入旅游服务设计，避免了传统设计中"顾此失彼"的弊端。国内旅游领域的实践表明，该方法既能提升经济效益，又能增强社会包容性与生态韧性。未来需要进一步结合数字化工具（如区块链追踪碳排放），推动更加精准的评估与优化。

[操作步骤]

（1）目标设定与利益相关者分析。明确服务设计中需满足的三重底线目标，并识别核心利益相关者（如旅游者、本地居民、政府、环保组织）。

（2）数据收集与基线评估。

1）经济数据：收入结构、就业岗位统计。

2）社会数据：社区调研、旅游者满意度调查。

3）环境数据：资源消耗监测、生态影响评估。

（3）多维度综合评估。采用定量与定性结合的方法。

1）权重评分法：为不同指标分配权重，计算综合得分。

2）生命周期分析（LCA）：评估服务全流程的环境影响。

3）社会投资回报率（SROI）：量化社会价值的经济转化。

（4）优化方案迭代。根据评估结果调整服务设计。

1）经济：开发高附加值体验项目（如定制化旅游套餐）。

2）社会：建立社区分红机制或文化保护基金。

3）环境：推行电子票务系统以减少纸张使用。

📖 案例研习

"两坝一峡"游轮旅游项目三重底线评估方法应用

（1）经济指标：通过优化航线和提升服务质量，提高旅游者满意度，增加收入。

（2）社会指标：通过提供高质量的旅游体验和个性化服务，提升旅游者满意度。

（3）环境指标：通过使用清洁能源和岸电系统，减少碳排放，保护生态环境。

模板链接
三重底线（Triple
Bottom Line，TBL）
评估表

📹 思考辨析

如何平衡旅游标准化与个性化的矛盾？请举例说明。

在旅游行业中，标准化服务提供了效率和一致性，而个性化服务则满足了旅游者的独特需求。三重底线评估方法可以帮助旅游企业在这两者之间找到平衡点。

（1）经济可行性：通过标准化服务降低运营成本，同时通过个性化服务增加附加值，提高收入。

（2）社会影响：通过个性化服务提升旅游者满意度，同时通过标准化服务确保服务质量和社会责任。

（3）环境可持续性：通过标准化服务减少资源浪费，同时通过个性化服务推广环保理念和实践。

微课链接
善行旅游

拓展阅读
华邑品牌|高端且
坦然，它活成了
多少国潮品牌的
理想？

➲ 实训工单

任务名称：校园非遗工坊商业模式设计

（1）操作步骤：调研本地非遗资源（如剪纸、扎染），填写商业模式画布九宫格，制定可持续性检验清单。

（2）交付成果：商业模式画布需包含至少 3 种收入来源，检验清单覆盖文化、经济、社区三维度，提出 2 条以上风险防范措施。

➲ **学习锦囊**

（1）商业模式画布要像"旅游攻略"一样清晰直观。

（2）可持续不是口号，需量化指标和落地计划。

（3）记住：能赚钱的服务才是好服务。

2.3 开发：创意与塑形

　　旅游服务设计的开发阶段如同将设计图纸转化为生动剧本，需要将定义阶段的目标转化为可体验的服务原型。

➲ 关键行动

（1）体验编剧：用场景故事板预演旅游者情感曲线。

（2）触点锻造：通过情感化设计卡片重塑服务细节。

（3）空间调律：用情绪地图量化环境的情感影响力。

➲ 阶段价值

（1）将"提升文化沉浸感"的目标转化为"敦煌 AR 壁画修复剧场"的具象场景。

（2）避免"盲目采购智能设备"的资源错配，通过纸质原型验证旅游者更需轻量化互动。

（3）构建可复制的服务模组（如触点矩阵标准化 16 个文化体验动作）。

➲ 学习目标

1. 方法掌握

（1）运用情感化设计三层次理论（本能 / 行为 / 反思）塑造服务触点。

（2）通过动态原型迭代法平衡创意与可行性。

2. 工具应用

（1）绘制用户旅程地图定位 5 个情绪峰值。

（2）构建触点矩阵实现文化符号系统渗透。

（3）使用空间情绪地图优化场景氛围。

3. 成果交付

（1）输出包含 3 幕关键场景的故事板分镜。

（2）完成服务原型画布九要素填充。

（3）提交空间情绪热力图及优化方案。

➲ 阶段提示

（1）像电影导演般预判：迪士尼幻想工程师用故事板预演旅游者尖叫时刻。

（2）警惕技术至上陷阱：某景区 VR 体验馆因忽视晕动症遭闲置。

（3）保持文化敏感度：故宫数字文物展通过情绪地图优化灯光色温，降低文物受到的光损伤。

2.3.1 服务流程：从创意到动线设计

⊃ 任务目标

设计符合用户需求的服务动线，确保体验流畅性与价值递进性，解决"用户怎么用"的核心问题。

⊃ 任务分析

（1）核心工具：用户旅程地图（User Journey Map）、服务原型画布（Service Prototype Canvas）。

（2）设计原则：峰终定律、心流理论。

⊃ 任务操作

1.用户旅程地图：看见体验的起伏

［情景导入］

某古镇旅游者抱怨："跟着导航走完景点，却感觉什么都没记住。"问题根源为服务流程缺乏节奏感，就像一首没有高潮的曲子。如何破局？用户旅程地图帮助你绘制用户体验的"情绪心电图"。

［工具认知］

用户旅程地图（User Journey Map）是一种以用户为中心的可视化工具，用于描述用户在使用产品或服务过程中的整体体验和情感变化。它能够帮助团队更好地理解用户需求，从用户视角还原真实体验，帮助设计者发现服务缺口，从而优化产品设计。

（1）用户旅程地图的关键指标

1）用户角色：确定旅程的主角，即用户群体的代表性虚构人物（Persona），明确其特征、需求、动机及目标。

2）场景设定：界定用户使用产品或服务的具体情境，包括环境、时间、目的等。

3）目标设定：明确用户希望通过与产品或服务互动达成的核心目标。

4）关键活动：梳理用户达成目标过程中涉及的主要活动，按时间顺序排列。

5）具体行为：将关键活动分解为具体用户行为，描述其操作细节。

6）触点：标识用户在执行行为时与产品或服务交互的触点（如功能、界面、服务环节等）。

7）情绪曲线：描绘用户在旅程中情感变化的轨迹，反映其对不同阶段体验的满意程度。

8）痛点：记录用户在旅程中遇到的问题、困难和不满意之处，揭示改进空间。

（2）用户旅程地图的功能。用户旅程地图的功能在于可视化用户从接触服务到离开的全流程行为与情感变化，其核心价值包括几下四项。

1）同理心构建：站在用户立场理解需求。

2）协作语言：统一团队对用户体验的认知。

3）系统性洞察：串联碎片化接触点，暴露服务断点。

4）创新起点：基于痛点生成改进方案。

通过用户旅程地图，旅游企业可以全面评估其服务的用户体验，识别改进点，从而优化服务流程，提升旅游者满意度（图2-9）。

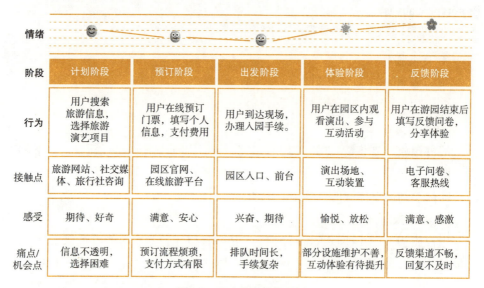

图 2-9　用户旅程地图示例

（3）用户旅程地图操作注意事项。

1）避免自我中心视角：需基于真实用户数据，而非团队假设。

2）动态更新：服务迭代后需重新绘制地图。

3）跨部门协作：需联动市场、技术、运营团队共同解读地图。

［操作步骤］

（1）拆解服务阶段（表2-12）。

表 2-12　用户旅程地图服务阶段拆解示例

阶段	用户行为	关键触点
行前	信息搜索、决策比较	官网、社交媒体、在线旅游服务平台
行中	票务核验、导览使用、消费互动	闸机、小程序、商户
行后	反馈评价、社交分享	评价系统、朋友圈

（2）标注情绪曲线（情绪波峰：AR互动解锁隐藏故事、纪念品抽奖；情绪

波谷：网络延迟导致扫码失败、厕所排队时间过长；工具技巧：标记机会点和风险点）。

（3）设计优化方案（断点修复：增设离线导览缓存功能；峰值强化：在景观最佳处设置"拍照教练"角色）。

杭州良渚古城 AR 考古体验

原始痛点：遗址观赏性不足，旅游者停留时间短。

流程优化：行前—推送"考古任务包"（含工具模型、解密手册），行中—AR 扫描触发"文物修复"游戏（累计积分兑换勋章），行后—生成"我的良渚文明"数字档案（含互动记录）。

项目成效：平均游览时长从 1.2 小时延长至 3.5 小时。

模板链接
用户旅程地图
（User Journey
Map）

思考辨析

文化深度与娱乐性如何平衡？

矛盾场景：历史遗址导览中，旅游者既想学知识又想拍照打卡。

解析思路：分层设计［基础导览免费（知识性）、AR 剧情解锁收费（娱乐性）］、峰终定律［在遗址核心区设置"穿越式"合影点（情感锚点）］。

微课链接
心流理论

2. 服务原型：低成本试错验证

［情景导入］

某乡村民宿设计"星空露营"项目，投入 10 万元建造观星台后，却发现旅游者更在意 Wi-Fi 信号。如何避免这种失误？服务原型帮助你用纸笔模拟验证商业逻辑。

［工具认知］

服务原型（Service Prototype）是一种用于快速验证和测试服务概念的工具，旨在通过模拟或实际提供服务来收集用户反馈，优化服务设计。它帮助设计师将抽象的服务概念转化为具体的用户体验，以便更好地理解服务的可行性和用户需求。

拓展阅读
旅游者情绪 10 级指
标及对应表情符号

服务原型是无形的，可以通过橡皮泥、手绘场景等搭建出服务的场景，也可以使用纯文本、故事板或视频来呈现，还可以真人演绎故事。服务原型一般都会有设计脚本，虚构一个内容翔实的故事，旨在探索服务提供的某个特定方面，快速模拟服务流程，识别逻辑漏洞。研究数据用来构建一个可信的场景作为设计脚本的基础。为了提高真实性，可以将任务角色融入设计脚本中，以便给该场景定义一个清晰的角色。设计脚本几乎可以用于服务设计的任何阶段，"负面"的脚本容易发现现有产品的问题，"正面"的脚本可以展现开发产品的特色。这些脚本都有助于回顾、分析、展望并理解最终确定服务体验的驱动因素。

体验原型制作（也称为体验式、执行式、交互式或行动式的原型制作）通过原型让人们像在将来的服务中那样行事，使用将要使用的东西，从而以这种方式"亲自体验服务"。人们可能是在与低保真度的环境、对象或其他角色进行交互。虽然交互本身的保真度低（如"快进"或演练），但交互的方式本质上是一样的，因此会产生类似的体验。体验原型制作有时也被称为"直接式""实验式"或"体现式"原型制作。

想象式原型制作只能用原型帮助理性地思考、想象或体会预期的交互（它"支撑着我们的思维"）。在真正的交互无法进行时，可以采用想象式原型制作的方式进行交互。这里的交互本身与未来的服务不同。想象式原型制作包括草图和用户旅程地图，以及隐喻模拟（如在角色扮演期间用真人替换 App 界面执行相同的工作）。想象式原型制作也被称作"间接式""共情式"或"非体现式"原型制作。

服务原型可以使用故事板、情景法、角色扮演法等方法实现（表 2-13）。

表 2-13　服务原型维度分析

维度	关键指标	应用场景示例（"星空露营项目"）
用户行为	用户角色	主要目标用户为城市居民，尤其是家庭亲子和年轻情侣，他们对自然景观和独特住宿体验有较高需求
	行为路径	用户从搜索信息、预订客房、到达营地、参与观星活动到反馈体验的整个过程
	行为动机	用户希望通过观星活动放松身心，体验自然之美，同时享受高品质的住宿服务
	行为数据	通过用户行为分析，发现用户在观星活动中的停留时间和参与度较高
	行为反馈	通过问卷调查和用户访谈，收集用户对观星活动和住宿体验的满意度和改进建议
资源需求	人力资源	配备专业的观星导游和营地管理人员，确保服务的专业性和安全性
	物力资源	提供高质量的星空房、观星设备（如望远镜）、餐饮设施等
	财力资源	评估项目实施所需的资金投入，包括设备采购、场地租赁和营销费用
	时间资源	规划项目实施的时间表，确保各阶段按时完成
	资源优化	通过租赁和共享设备减少成本，利用现有资源（如民宿改造）提升资源利用率

续表

维度	关键指标	应用场景示例（"星空露营项目"）
技术支撑	技术选型	选择适合的观星设备和星空摄影技术，确保用户体验的高质量
	系统架构	设计观星活动的流程和技术支持系统，确保活动的流畅性和安全性
	数据管理	收集和分析用户行为数据，优化服务设计
	技术测试	进行设备和技术的测试，确保系统的稳定性和性能
	技术支持	建立技术支持团队，确保活动过程中能够及时解决技术问题
风险预案	风险识别	识别可能的风险，如天气变化、设备故障、用户流失等
	风险评估	评估每个风险的可能性和影响程度，确定优先级
	应对策略	制订备用方案，如在天气不佳时提供室内活动或退款选项
	预案演练	进行风险预案的演练，确保团队在风险发生时能够迅速响应
	持续监测	建立风险监测机制，及时发现和处理潜在风险

服务原型通过结构化模块和快速测试，帮助设计团队低成本验证服务可行性。在国内旅游场景中，需重点关注用户旅程的流畅性、触点的情感价值，以及资源调配效率。最终目标是以用户为中心，通过持续迭代提升服务体验与商业价值。

[**操作步骤**]

（1）明确目标：确定服务原型的目标和范围。

（2）用户研究：通过访谈、问卷等方式收集用户需求和行为数据。

（3）资源评估：分析服务实施所需的资源，确保资源的合理分配。

（4）技术验证：评估服务在技术上的可行性，选择合适的技术方案。

（5）商业分析：计算服务的潜在收益和成本，评估其商业价值。

（6）构建原型：根据评估结果构建服务原型，进行用户测试。

（7）反馈与优化：收集用户反馈，持续优化服务设计。

 案例研习

苏州博物馆西馆儿童导览

（1）原型设计：用户行为包括扫码→听故事→答题→兑换贴纸；风险预案为设备不足时启用"语音电话导览"。

（2）测试发现：儿童更喜爱肢体互动→增加"文物模仿秀"环节。

（3）最终方案：上线首月亲子客群增长120%。

微课链接
乐高深度游戏

拓展阅读
盖美旅行 | 创新
体验的互联网旅游

思考辨析

技术依赖风险如何应对？

典型问题：景区 AR 导览完全依赖手机网络，山区信号差。

参考方案：预装离线数据包（技术兜底）、设计"故障彩蛋"（如触发"时空错乱"动画，赠送补偿券）。

○ 实训工单

任务名称：校园图书馆服务流程优化

（1）操作步骤：绘制用户旅程地图（记录从入馆到离馆的 20 个触点）、标注情绪曲线［识别 3 个高峰（如找到稀缺书籍）与低谷（如排队借阅）］。

（2）原型设计：用画布模拟"智能荐书 + 社交共读"新服务。

（3）交付成果：旅程地图（标注 5 个优化机会点）、原型画布（包含至少两种风险预案）、迭代建议（基于 1 次模拟测试反馈）。

○ 学习锦囊

（1）用户旅程地图要像"旅游 Vlog"一样生动，拒绝流水账。

（2）原型测试记住"快、糙、猛"——快速做、粗糙版、敢推翻。

（3）流程设计的终极目标：让用户感觉不到设计的存在。

2.3.2　服务触点：从功能到情感连接

○ 任务目标

设计多维度服务触点实现功能性需求与情感性需求的双重满足，解决"用户在哪用、怎么用"的核心问题。

○ 任务分析

（1）核心工具：触点矩阵（Touchpoint Matrix）、情感化设计卡片（Emotional Design Cards）。

（2）设计原则：五感协同、记忆锚点。

○ 任务操作

1. 触点矩阵：从分散到系统的触点管理

［情景导入］

某景区发现：旅游者既抱怨"标识牌看不懂"，又吐槽"小程序功能太多用不来"。问题根源为触点零散无序，缺乏系统设计。如何破局？触点矩阵可以帮助你像整理衣橱一样梳理服务触点。

［工具认知］

触点矩阵（Touchpoint Matrix）是一种将用户体验点与系统功能相结合的工具，用于识别和优化用户与服务之间的交互点。它帮助设计师了解用户在不同阶段与服务接触的方式，从而提升整体用户体验。

触点矩阵基于用户角色的使用，并融合了用户路径图和系统图的某些特征。触点矩阵是以活动为中心的方法，重点不再是特定任务的优化，而是关注用户角色在特定情况下实现目标的多个动作的集合。不同的用户角色在相同的环境下，需要不同的操作流程。

系统中的交互既是技术也是社交基础设施，由用户体验的结合来组织多个交叉的界面、服务、应用程序和环境等构成复杂的交互，这对于设计师来说是一个新的挑战。触点矩阵能帮助设计师在服务系统设计中找到交互触点的创意机会。另外，触点矩阵所提供的视觉框架使设计师能够系统连接用户体验的各个触点，以便观察在特定产品服务体系中不同的结构、界面、内容和交互结果。

在服务系统的用户交互中，由多个触点移动连接，在后台不断交换数据和信息。触点矩阵通过描绘各项场景中每个角色的连接矩阵，观察分析创意机会，形成不同的体验。

触点矩阵是服务设计中用于系统化梳理用户与服务提供者之间所有互动节点的工具。其核心目标如下。

（1）全面性：覆盖用户旅程中的所有触点（物理、数字、人际），避免服务盲区。

（2）协同性：揭示不同触点之间的关联性，推动跨部门协作（如市场、技术、运营部门）。

（3）体验一致性：确保用户在各个环节（如预订、体验、反馈）获得连贯的品牌感知（图 2-10）。

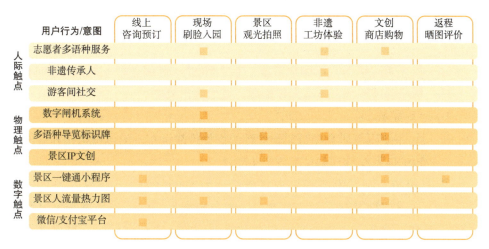

图 2-10　触点矩阵示例（以"景区文旅体验"为例）

[**操作步骤**]

（1）触点识别与清单盘点（表 2-14）。

表 2-14　服务触点清单示例

触点类型	触点案例（古镇导览服务）
人际触点	导游讲解、客服电话、商户互动、旅游者社交
物理触点	景区售票窗口、酒店前台、旅游大巴舒适度、导览图立牌、纪念品商店、志愿者服务站
数字触点	在线旅游服务平台比价工具、微信小程序、景区 AR 导航、语音讲解器

（2）三维度效能评估（表 2-15）。

表 2-15　服务触点效能评估

维度	评估标准	优化案例
效率性	操作步骤 ≤ 3 次点击	扫码立牌直接跳转导航
情感性	触发惊喜 / 归属感	隐藏"方言彩蛋"（扫码听本地童谣）
传播性	激发社交分享	生成"我的古镇足迹"海报

（3）触点分级优化（表 2-16）。

表 2-16　服务触点效能分级

触点级别	频率 / 价值	案例
S 级触点	高频 + 高价值	导航系统、票务入口
A 级触点	低频 + 高价值	纪念品定制
C 级触点	低频 + 低价值	纸质宣传单

（4）绘制矩阵结构，以用户阶段 / 行为（横向）和服务触点提供（纵向）建立矩阵，标注关键触点，整合合作资源，提出优化策略。

1）绘制提示。

①使用系统视图研究项目时，关键的设计挑战是系统的体系结构和部件的配置。系统的体系结构比部件配置更重要。

②系统中，交互流流经许多设备和不同的用户场景。触点并不总是预定义的，而是遵循其在系统内的角色，角色根据不同的用户环境和情况及系统中主要和次要任务，以一种偶然性和机会性的方式在用户交互过程中不断切换。

③用户始终位于中心位置，用户是主角，他们可以自由而积极地连接触点，选择和组合系统的不同部分。用户的做法有时会在不同部分之间创建新的或意外的连接，甚至超出设计者的意图。它可能是一个设计和创新机会，也是设计师最有趣的挑战之一。

2）触点矩阵的延伸价值。

①与用户旅程地图结合：标注每个触点的情绪曲线（如景区排队时的焦虑峰值）。

②与服务蓝图联动：识别后台支持系统（如景区清洁车调度影响旅游者视觉体验）。

通过触点矩阵的系统化应用，企业可精准定位"关键时刻"（MOT），实现从单点优化到全局体验升级的跃迁。

重庆洪崖洞沉浸式夜游

触点创新设计：

（1）视觉：崖壁投影"山城往事"光影秀（每晚 3 场）。

（2）听觉：江畔码头还原 1940 年方言叫卖声景。

（3）触觉：定制火锅香氛明信片（刮开涂层释放牛油香气）。

（4）传播：设置"8D 魔幻"打卡框（自动生成短视频模板）。

（5）成效：夜间客流量提升 65%，短视频传播量超 2 000 万次。

模板链接
触点矩阵
（Touchpoint
Matrix）

 思考辨析

技术依赖风险如何破局？

典型问题：AR 导览完全依赖手机，老年旅游者使用困难。

参考方案：提供"子女远程协助"功能（数字反哺）、设置实体导览手册（技术兜底）。

微课链接
智慧旅游视角下的
旅游服务触点

2. 情感化设计卡片：从功能到情绪的跃迁

[情景导入]

某博物馆导览器被旅游者评价为"准确但无聊"，如何让冷冰冰的服务设备变得有温度？情感化设计卡片帮助你使用"情绪工具箱"激活触点生命力。

[工具认知]

情感化设计是一种满足用户情感需求的设计方法，通过将情感因素融入

拓展阅读
ARK："了不起的
甲骨文"小程序

设计过程，注重用户的情感需求和情感体验，使产品和服务能够触动消费者的情感，建立深度的情感连接。情感化设计强调以人为本，通过设计手法整合产品的颜色、材质、外观等元素，使产品能够通过声音、形态、外观形象等各方面影响人的视觉、听觉、触觉，从而产生联想，达到人与物的心灵沟通，产生共鸣。

情感化设计卡片（Emotional Design Cards）是服务设计中用于系统化引导用户情感体验的工具，基于唐纳德·诺曼的情感化设计三层次理论（本能层、行为层、反思层）。

（1）核心目标。

1）情感触发：通过设计元素（视觉、交互、叙事等）唤醒用户特定情感（如惊喜、归属感、愉悦）。

2）体验深化：将功能需求与情感需求结合，提升用户记忆度和品牌忠诚度。

3）差异化竞争：在同类服务中形成独特的情感价值（如文旅场景中的文化共鸣）。

（2）核心理念。

1）情感可设计：用户情感并非随机产生，而是可通过触点设计被主动引导。

2）情感可量化：通过指标监测情感强度、持续时间和转化效果（表2-17）。

表2-17 情感化设计卡片的指标维度

维度	关键指标	国内旅游场景示例
情感强度	峰值情感值（如惊喜指数）、情感波动曲线	黄山日出观赏点的"云海明信片"即时生成服务
情感持续性	记忆留存周期（如3个月后仍能复述体验细节）	敦煌莫高窟定制壁画修复体验活动
情感转化率	自发传播率（用户生成内容产出）、复购/复游率	丽江古城"东巴文字刻章"引发朋友圈分享热潮

［操作步骤］

（1）情感需求挖掘。

1）用户画像分层。

①本能层需求：感官刺激（如乌镇水乡的摇橹船灯光秀）。

②行为层需求：操作流畅性（如故宫小程序AR导航的交互反馈）。

③反思层需求：文化认同（如西安大唐不夜城的汉服沉浸式剧本杀）。

2）工具应用。

①情绪板（Mood Board）：收集用户关联图片/词汇（如"禅意""烟火气"）。

②情感日记（Emotional Journey Map）：记录旅游者在丽江古城各触点的情绪变化。

（2）卡片生成与分类。每张卡片包含三要素，即情感目标（如"营造仪式感"）、设计策略（如"黄山迎客松祈福挂牌仪式"）、关联触点（物理 / 数字 / 人际）。通过五感协同链接服务触点，提升体验价值（表 2-18）。

表 2-18　情感化设计卡片内容示例

情感目标	设计策略	触点类型
激发文化自豪感	三星堆遗址 AR 青铜面具互动合影	数字触点（小程序）
创造社交归属感	沙漠露营地的篝火故事分享会	人际触点（活动）

（3）情感触点试验。

1）微观测试。

① A/B 测试不同情感引导方案（如对比传统导游讲解和故宫"宫廷猫"IP角色互动导览）。

② 生物测量技术：通过心率监测、面部表情分析（如西湖游船灯光秀的观众实时情绪热力图）。

2）快速迭代：根据数据调整设计（如发现"祈福仪式"的参与度低，改为"电子祈福弹幕墙"）。

（4）情感价值评估。

1）定量指标：净推荐值（NPS）、用户生成内容传播量（如抖音话题播放量）。

2）定性分析：用户访谈中的情感关键词提取（如"震撼""治愈""有归属感"）。

（5）延伸工具结合。

1）与触点矩阵联动：在矩阵中标注情感强度等级（如红色代表高情感价值触点）。

2）与服务蓝图整合：识别后台支持系统（如 AR 内容需要文旅数据库实时调用）。

通过情感化设计卡片的系统应用，文旅项目实现从"功能满足"到"情感占领"的升级，印证情感体验设计的商业转化潜力。

 **案例研习**

西安大唐不夜城"盛唐密盒"

（1）情感目标：惊喜感 + 参与感。

（2）设计策略：随机抽取旅游者参与历史知识问答（惊喜机制）、答对者可获"大唐通关文牒"（实体 + 数字双版本）、设置 NPC 即兴表演（如杜甫与旅游者对诗）。

（3）项目成效：单日最高互动量达 1.2 万人次，话题阅读量超 5 亿。

模板链接
情感式设计卡片库
Emotional Design
Cards Library

微课链接
场景规划

拓展阅读
服务设计推动商业
创新——拓路士
文旅项目

思考辨析

标准化与个性化的平衡

矛盾场景：连锁景区如何保持服务品质又不失特色？

解析思路：核心触点标准化（如安全指引、急救流程）、情感触点在地化（如方言问候、限定款文创）。

⊃ 实训工单

任务名称：校园食堂触点优化设计

操作步骤：

（1）触点盘点：列出食堂现有触点（取餐口、支付机、座位区等）。

（2）矩阵评估：从效率、情感、传播维度评分。

（3）情感设计：选取2个触点进行情感化改造（如"智能餐盘+AR营养分析"）。

交付成果：触点矩阵表（标注3个优先优化点）、情感设计草图（图文说明）、原型测试报告（基于10名学生反馈）。

⊃ 学习锦囊

1.触点设计要像"好友对话"——自然且有温度。

2.情感化不是堆砌功能，而是制造"Aha moment"（顿悟时刻）。

3.记住：最好的服务是让用户忍不住分享的故事。

2.3.3 服务场景：从空间到意义剧场

⊃ 任务目标

构建主题化、叙事化的体验场景，将物理空间转化为情感记忆容器，解决"用户在哪里感受"的核心问题。

⊃ 任务分析

（1）核心工具：场景故事板（Scenario Storyboard）、空间情绪地图（Spatial Mood Mapping）。

（2）设计原则：具身认知、意义生成。

⊃ 任务操作

1.场景故事板：用画面讲好体验故事

［情景导入］

某古镇打造"穿越千年"主题街区，旅游者却反馈"布景假，没代入感"。

问题根源为场景缺乏叙事逻辑，像一堆散落的电影道具。如何破局？场景故事板帮助你像导演一样编排沉浸式剧本。

［工具认知］

场景故事板（Scenario Storyboard）是一种通过一系列图像和文字来描述用户与服务交互过程的工具，用于可视化地梳理事件脉络，帮助设计师更好地理解用户需求和使用场景。它能够激发同理心，传达某项服务或技术在特定情境中的使用方式，并通过视觉化的方式呈现解决方案。场景故事板通过视觉化叙事方式呈现用户与服务系统互动的工具，以分镜画面串联用户行为、环境、触点及情感变化。

（1）核心价值。

1）具象化体验：将抽象的服务流程转化为可观察的具体场景（如旅游者从计划到返程的全流程）。

2）共情驱动：通过角色故事引发设计者对用户需求的深度理解（如老年旅游者的数字鸿沟痛点），预设情绪节奏（如静谧→惊喜→沉思的递进）。

3）协作语言：为跨部门团队（产品、运营、技术）提供统一的沟通框架。

（2）关键特征。

1）叙事性：包含时间线、冲突点（如景区排队拥挤）、解决路径（如分时预约系统）。

2）多维度整合：同时呈现物理环境（如酒店大堂布局）、数字界面（如旅游服务 App）、人际互动（如导游服务）。

场景故事板源于电影摄影传统的工具，是针对特定情景的直观体现，帮助设计师针对服务中出现的相关问题和要素进行论证，并用恰当的方式注解。场景故事板直观地呈现影响人们使用产品的方式、地点和原因，侧面体现影响使用的主要社会、环境和技术因素。场景故事板叙述的内容十分丰富，且可用于换位思考最终用户的想法之中，重新构建多渠道接触点，并在设计过程的早期阶段考虑可以替代的设计方案。

场景故事板一般采用分镜的方式，通过一系列图纸或图片进行用例展示，展现与产品 / 服务相关的各个步骤流程。在提出问题阶段通常采用遇到困难的故事，提案阶段通常采用正向解决问题的故事。场景故事板展现着每个接触点的表征，以及触点和用户在体验创造中的关系。一般选取故事的关键事件，包括事件起因、用户行为、用户感悟、事件结果、理想结果。

场景故事板设计专家通常会使用 3 ~ 6 个情节表达一个观点。每个场景故事板应该集中表达一个突出的概念或想法。如果需要表达多个信息，就需要考虑设计多个场景故事板，用每个场景故事板描述其中的一个信息。根据可以引起观众共鸣的信息设计故事和场景故事板。例如，如果观众是利益相关者，则主要说明潜在的设计机会；如果观众是开发人员或程序员，则主要说明最可能运用产品或形式因素的场景和背景；如果观众是视觉设计人员，则主要描绘界面的细节；如果观众是用户，则主要体现换位思考的情景，以确定这样的设计是否符合现实、是否具有意义（图 2-11）。

图 2-11　场景故事板示例（以"熊猫保育员一日研学体验"为例）

场景故事板通过讲故事的方式直观地描述服务通常发生的场景和流程，或新服务的假设实施。其主要用于团队的沟通及方案汇报，协助团队更好地讨论、展示服务。创作场景故事板的过程同时也促使设计人员从用户的角度考虑问题，这反过来又能帮助设计师将得出的结论引入设计过程（表 2-19）。

表 2-19　场景故事板指标维度

维度	关键指标	国内旅游场景示例
故事有效性	用户需求覆盖率、痛点识别准确率	准确还原亲子家庭在主题乐园的换尿布需求
视觉完整性	关键触点覆盖率、情感曲线合理性	展示旅游者从入园兴奋到餐饮排队烦躁的情绪波动
实施可行性	技术实现成本、跨部门协作复杂度	古镇 AR 导航系统开发周期与景区 Wi-Fi 覆盖匹配度

（3）进阶应用工具。

1）与用户旅程地图叠加：在故事板中嵌入满意度曲线（如游船 AR 互动带来 NPS 峰值）。

2）跨故事板对比：对比银发族与 Z 世代旅游者的行为差异（如导览方式偏好）。

通过场景故事板的系统应用，可验证视觉化叙事工具在复杂服务系统中的实践效能。

［操作步骤］

（1）定义用户角色。基于调研数据构建典型用户画像。

（2）设定主题叙事（表 2-20）。

表 2-20　场景故事板主题叙事

叙事类型	设计要点	案例（茶马古道主题）
历史重现	还原真实事件	马帮入城仪式（每日定点巡游）
奇幻演绎	融合想象元素	虚拟茶灵互动（AR 触发）
情感共鸣	链接个体记忆	"一封古驿信"投递体验（寄给未来的自己）

（3）编制分镜头脚本。对场景时空、用户行为、触点呈现和情感情绪四要素进行拆解说明。

（4）绘制故事板。形式可以采用照片、照片转换成素描、照片与手绘结合、人工智能辅助等方式。

（5）动态验证与迭代。邀请目标用户"看图说话"进行测试，检测故事板与真实体验的偏差；对技术可行性进行标注。

（6）转化为设计方案。从故事板中提取设计机会点，转化痛点、强化价值。

 **案例研习**

成都熊猫基地"保育员一日体验"

关键场景：

（1）晨间：穿戴保育服，参与竹笋投喂（触觉）。

（2）中午：品尝熊猫饲养员午餐（嗅觉与味觉）。

（3）午后：VR 观察野外栖息地（视觉＋听觉）。

（4）傍晚：制作熊猫粪便造纸（嗅觉＋认知冲击）。

思考辨析

文化刻板印象如何避免？

矛盾场景：民俗村过度表演化，丧失真实性。

解析思路：建立"文化顾问委员会"（含非遗传承人、人类学者）、设计"参与式场景"（如旅游者与村民共制传统食物）。

2. 空间情绪地图：量化环境的情感影响力

［情景导入］

某博物馆发现：同一展厅内，旅游者在青铜器展区匆匆而过，却在陶俑展

模板链接
场景故事板
（Scenario
Storyboard）
脚本及示例

微课链接
文旅融合场景的
内涵与创新

拓展阅读
腾冲光民高黎贡荒
野厨房｜旅居发展
与地方文旅创新的
双向赋能

区停留拍照。差异背后是空间的"情绪磁场"。如何科学设计？空间情绪地图帮助你用数据解码环境情感密码。

[工具认知]

空间情绪地图（Spatial Mood Mapping）是一种将用户在特定空间中的情绪体验可视化的方法，用于分析和优化空间设计。它结合了主观情绪和客观空间数据，帮助设计师理解用户在不同空间中的情感反应，从而优化空间布局和用户体验。

空间情绪地图是服务设计中用于可视化物理空间内用户情绪动态分布的工具，通过整合环境数据与用户情感反馈，实现"空间—情绪—行为"三元关系的可视化（表 2-21）。

表 2-21　空间情绪地图的指标维度

维度	关键指标	测量工具示例
环境参数	光照强度（lx）、噪声分贝（dB）、人流密度（人/m^2）	物联网传感器、热成像摄像头
生理信号	心率变异性（HRV）、皮肤电反应（GSR）、面部微表情	可穿戴设备、AI 情绪识别摄像头
心理反馈	情绪关键词提取（如"压抑""放松"）、满意度评分（1～5分）	移动端即时弹窗调研、语音情感分析

（1）核心价值。

1）空间诊断：识别引发负面情绪的高危区域（如景区排队区、迷宫式动线）。

2）体验优化：通过空间改造引导情绪转化（如将焦虑等候区变为文化展示区）。

3）资源分配：匹配空间情绪热度与资源配置（如高愉悦区增设消费触点）。

（2）关键特征。

1）动态叠加性：可呈现不同时段（如早/晚高峰）、人群（如亲子/银发族）的情绪差异。

2）跨模态融合：结合物理测量（光照、噪声）与主观感知（用户情绪自评）。

（3）进阶应用工具。

1）与用户旅程地图叠加：在空间维度标注情绪峰值体验点（如苏州博物馆贝聿铭光影庭院的"禅意峰值"）。

2）跨场景对比：分析同一旅游者在酒店大堂（放松）与景区接驳站（焦虑）的情绪差异。

通过空间情绪地图的系统应用，可验证空间设计与情绪管理的协同价值。

[操作步骤]

（1）空间网格化分区。将目标区域划分为适宜观察研究的网格，标注功能属性。

（2）多源数据采集。环境传感器实时监测温湿度、Wi-Fi 探针统计人流停留时长，摄像头通过姿态识别判断用户情绪倾向（如弯腰驼背→疲惫），旅游者扫描二维码触发情绪打卡（选择表情符号＋语音留言）。

（3）情绪热力图可视化生成。使用 GIS 工具将数据映射为三层热力图。红色预警层：高拥挤度＋低满意度区域（如景区入口闸机处）。黄色过渡层：中等情绪波动区（如展馆内容晦涩的科普区）。绿色愉悦层：高停留时长＋积极情绪区（如互动体验区）。

（4）情绪动线分析。绘制典型用户路径，标注情绪转折点。

（5）空间情绪地图的干预设计，见表 2-22。

表 2-22　空间情绪地图的干预设计

情绪等级	干预措施	国内旅游案例
红色紧急	物理动线重构＋应急资源投放	黄山迎客松观景台增设分时段预约制
黄色预警	环境氛围调节＋信息引导优化	乌镇西栅增设河道休憩亭缓解步行疲劳
绿色保持	体验增值服务植入	西湖断桥设置 AR 诗词投影触发文化共鸣

 案例研习

苏州博物馆西馆儿童区

（1）原始问题：儿童跑动频繁，家长焦虑度高。

（2）优化设计。

1）情绪锚点：互动投影地面（触发恐龙脚印）。

2）空间分隔：透明隔音舱（提供"静音泡泡"）。

3）数据验证：家长放松度从 2.1 分提升至 4.3 分。

微课链接
文旅融合场景的
营造与迭代

 思考辨析

技术故障的体验补偿

典型问题：VR 设备宕机导致剧情中断。

参考方案：预设"故障剧情"（如"时空虫洞"临时任务）、即时补偿（赠送限定数字藏品）。

拓展阅读
罗伯特·普洛特
契克情绪模型

➲ **实训工单**

任务名称：校园文化角场景改造

（1）操作步骤。

1）故事板设计：以"校园记忆"为主题，设计 3 个叙事场景。

2）情绪地图绘制：用热力贴纸标记现有空间情绪分布。

3）原型测试：用低成本道具模拟场景（如卡纸制作 AR 触发器）。

（2）交付成果：故事板分镜（含角色、动作、环境描述）、情绪分析报告（标注 2 个优化优先级）、用户反馈记录（至少 5 条改进建议）。

➲ **学习锦囊**

（1）场景设计要像"电影导演"——既有宏大叙事，又抠细节真实。

（2）情绪是空间的灵魂，数据是优化的罗盘。

（3）记住：最高明的场景是让用户成为故事的主角。

2.4　交付：落地与传播

旅游服务设计的交付阶段如同将剧本搬上舞台，需要将设计方案转化为可落地的服务系统，并通过价值传播激发社会共鸣。

➲ 关键行动

（1）系统整合：用服务系统图串联碎片化服务要素。

（2）压力测试：通过角色扮演预演极端场景风险。

（3）价值共振：用"明日头条"引爆服务的社会影响力。

➲ 阶段价值

（1）将"AR文化导览"概念转化为含硬件部署、数据中台、应急预案的完整系统。

（2）避免"开业即崩溃"的运营事故，通过角色扮演发现95%的流程漏洞。

（3）塑造服务品牌认知（如"故宫数字文物库"推文阅读量破亿，成为文化科技标杆）。

➲ 学习目标

1. 方法掌握

（1）运用RATER模型五维度量化服务质量。

（2）通过传播学SCQA模型/AIDA原则包装服务价值。

2. 工具应用

（1）绘制服务系统图（Service System Map）标注资源流动关系。

（2）设计角色扮演（Role-Playing）脚本验证服务韧性。

（3）撰写"明日头条"（Tomorrow's Headlines）传播稿件。

3. 成果交付

（1）输出包含3级容错机制的服务系统图。

（2）提交角色扮演问题清单及优化方案。

（4）完成包含数据锚点与用户证言的传播稿件。

➲ 阶段提示

（1）像工程师般严谨：上海迪士尼用417个角色扮演场景测试"玲娜贝儿"互动流程。

（2）警惕数据美化陷阱：某景区RATER评分虚高，却因一张厕所脏乱照陷入全网危机。

（3）保持价值敏感度：敦煌"数字供养人"项目通过头条传播，3天获百万文化捐助。

2.4.1 服务系统：可视化与协作

⊃ 任务目标

通过服务系统图整合服务要素，协调多方资源，形成可落地的实施方案。

⊃ 任务分析

（1）核心工具：服务系统图（Service System Map）、角色扮演（Role-Playing）。
（2）设计原则：全局性、协同性、可扩展性。

⊃ 任务操作

1.服务系统图：编织旅游要素网络

[情景导入]

某古镇夜游项目出现旅游者滞留危机：游船靠岸接驳混乱、商户提前打烊、出租车拒载。问题本质：要素协同失效。如何破局？服务系统图可以帮助你建立全局视野。

[工具认知]

服务系统图（Service System Map）是一种综合表示工具，用于在一个框架中展示服务提供中涉及的所有不同参与者及其相互联系，包括物料、能源、信息、金钱、文件等的流动。它帮助设计师理解服务动态，发现差距和机会，优化服务流程，提升效率和资源利用率。

服务系统图是服务设计中用于全局呈现服务要素及其交互关系的可视化工具，呈现服务要素的关联关系与资源流动（表2-23）。

表2-23　服务系统指标维度

维度	关键指标	测量场景示例（国内旅游）
流程效率	服务响应时间、信息传递准确率	从线上平台下单到酒店管理系统确认的延迟
协同能力	跨系统接口兼容性、异常事件协同处理时效	景区闸机故障时票务系统与客服中心联动效率
弹性容量	峰值承载冗余度、资源动态调配灵活性	黄金周期间景区接驳车运力与预约数据匹配率

（1）核心价值。

1）系统透视：揭示前台（用户可见触点）与后台（支撑系统）的联动逻辑，

如景区购票界面与票务数据库的实时对接。

2）资源整合：识别跨部门协作断点（如酒店预订系统与景区客流预测的数据孤岛）。

3）动态优化：支持服务流程的持续迭代（如高铁站智能导航系统与清洁机器人路径规划的协同）。

（2）关键特征。

1）多层结构：涵盖物理层（设施设备）、数字层（信息系统）、人际层（服务人员）的交互。

2）双向反馈：标注用户行为对后台系统的触发机制（如景区拥挤预警触发应急响应流程）。

（3）进阶应用工具。

（1）与商业画布结合：在系统图中标注各要素的成本—收益结构（如 AR 导览设备的投入与衍生品销售转化关联）。

（2）引入 AI 预测模块：基于历史数据预测服务节点负载（如景区区间车供应量与客流峰谷预测）。

通过服务系统图的全局视角，可验证系统化服务设计的商业价值（图 2-12）。

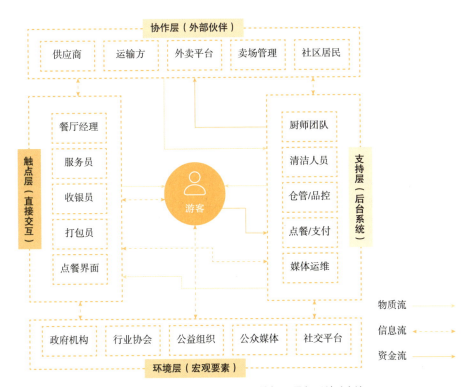

图 2-12　服务系统图示例（以某餐厅服务系统为例）

[操作步骤]

（1）四层架构搭建见表 2-24。

表 2-24　服务系统四层架构

层级	要素	校园研学案例
触点层	直接交互点	AR 校史馆导航 / 学生志愿者服务站
支持层	后台系统	预约管理系统 / 应急响应平台
协作层	外部伙伴	交通局（延长公交运营）/ 周边商户（联名优惠）
环境层	宏观要素	文旅政策 / 极端天气预案

（2）资源流标注见表 2-25。

表 2-25　服务系统资源流

资源类型	标注方式	案例
信息流	蓝色虚线	旅游者定位数据→智能导览路径规划
物质流	绿色实线	中央厨房→各餐饮点的冷链配送
资金流	橙色实线	门票收入→生态保护基金账户

（3）痛点矩阵分析见表 2-26。

表 2-26　服务系统痛点优化（以"校园游"为例）

痛点类型	系统图表现	解决方案
断点	食堂到实验室无接驳	增设共享单车电子围栏
阻塞	校门安检人流堆积	开发预约时段分流系统

模板链接
服务系统图
（Service System
Map）

微课链接
产品服务系统设计

 案例研习

东京迪士尼海洋客流系统

系统图亮点：

（1）触点层：FastPass 电子手环＋移动餐车。

（2）支持层：AI 预测模型（提前 30 分钟预警拥堵）。

（3）协作层：与 JR 铁路签订深夜班次协议。

（4）环境层：台风天室内剧场应急预案。

（5）项目成效：峰值客流承载量提升 40%，投诉率下降 65%。

拓展阅读
K PRO | 从 0 到 1,
定义新型高效用餐
体验

 **思考辨析**

如何避免系统图沦为摆设?

矛盾场景：系统图未随商户更迭更新。

解析思路：建立季度版本迭代机制，开发数字孪生系统实时映射。

2. 角色扮演：压力测试服务逻辑

[情景导入]

某景区设计的"无障碍游览线"在实际运营中暴露问题：轮椅租借点难寻、坡道被商户占用。根源：纸上谈兵的设计缺陷。如何预防？角色扮演带你进行服务压力测试。

[工具认知]

<u>角色扮演（Role-Playing）是一种通过模拟特定情境，让参与者扮演特定角色，以观察和分析行为表现的方法。</u>在服务设计中，角色扮演可以帮助设计师更好地理解用户需求和体验，从而优化服务设计（表 2-27）。

表 2-27　角色扮演评估指标

维度	关键指标	测量示例（国内旅游）
参与深度	角色代入时长、非预设行为触发率	景区员工扮演旅游者时自发尝试翻越护栏的频次
痛点识别	新发现服务断点数、情感波动峰值记录	模拟亲子家庭在迪士尼排队时累积的焦虑值曲线
方案转化率	角色扮演结论被纳入实际改进方案的比例	乌镇戏剧节通过角色扮演优化的检票方案采纳率

角色扮演是服务设计中通过模拟用户与服务提供者的行为逻辑，挖掘潜在痛点和创新机会的实践方法。

（1）核心价值。

1）同理心构建：强制跳出设计者视角，如让景区管理者扮演老年旅游者体验无障碍设施。

2）流程压力测试：暴露服务断点（如购票系统崩溃时的应急方案缺失）。

3）行为预演验证：低成本试错新服务模式（如博物馆夜游动线设计）。

（2）关键特征。

1）双重视角切换：既模拟用户（如旅游者的困惑、期待），又模拟服务者（如导游的应对策略）。

2）场景真实性：需结合物理环境（道具）、数字界面（模拟 App）、人际互动（冲突对话）。

（3）进阶应用工具。

1）数字孪生结合：在虚拟空间中复刻景区，进行大规模角色压力测试（如模拟 10 万客流下的服务崩溃点）。

2）生物传感集成：通过心率手环量化角色扮演中的情绪负荷（如过山车项目前的焦虑峰值）。

通过角色扮演，可印证体验模拟在服务设计中的实践效能。

[操作步骤]

（1）角色档案开发。基于用户调研构建典型角色卡片，包含以下三项。

1）基础属性：年龄、职业、技术能力（如"不会扫码支付的银发旅游者"）。

2）行为特征：决策偏好（如"依赖旅行社推荐"）、痛敏点（如"晕车恐惧"）。

3）情感目标：期待达成的体验价值（如"获得社交货币式打卡素材"）。

（2）场景脚本设计。定义高冲突场景与高价值场景。

1）冲突场景示例：暴雨导致景区接驳车停运，旅游者与工作人员对峙；语言不通的外籍旅游者在古镇迷路。

2）价值场景示例：导游用 AR 还原圆明园遗址原貌，触发旅游者共情。

（3）多模态模拟环境搭建。

1）物理层：使用简易道具还原场景（如用纸箱模拟高铁检票闸机）。

2）数字层：用 Figma 制作可点击的模拟界面（如景区紧急求助按钮）。

3）人际层：预设冲突台词（如旅游者抱怨"地图全是英文标识！"）。

（4）扮演与观察记录。

1）参与者任务。

①用户角色：完成预设目标（如"1 小时内体验完黄山三大景点"）。

②服务角色：在资源限制下解决问题（如"仅 3 名工作人员应对千人滞留"）。

2）观察者记录。

①关键事件时间戳（如"13:02 旅游者因扫码失败撕毁导览图"）。

②非语言行为捕捉（如反复查看手机信号格、倚靠栏杆时长）。

（5）洞察萃取与方案生成。通过行为模式聚类分析提炼改进方向。

1）高频痛点→西安兵马俑景区增设多语言语音导览桩。

2）隐性需求→丽江古城推出"逃离人群"秘密路线推荐服务。

案例研习

新加坡环球影城服务测试

（1）角色扮演成果：

1）发现"过山车排队区无遮阳"导致中暑风险→加装雾化降温系统。

2）模拟"儿童走失"场景暴露寻人效率低→推出智能定位手环。

3）测试"设备故障"恢复时长超标→建立备用电源 15 秒切换机制。

4）项目成效：用户满意度连续 5 年位居亚太区榜首。

微课链接
行为设计

思考辨析

角色扮演真实性保障

典型问题：参与者刻意回避冲突。

参考方案：设置"突发事件"盲盒卡牌、引入旅游者暗访员制度。

拓展阅读
拟剧理论

↻ **实训工单**

任务名称：校园研学基地服务系统优化

（1）操作步骤。

1）系统图绘制：整合交通 / 课程 / 餐饮模块。

2）角色扮演设计：设置"暴雨天气 + 设备故障"叠加场景。

3）压力测试：记录 3 个服务断点及优化方案。

（2）交付成果：系统图（标注 2 个关键协作界面）、角色扮演影像记录（关键冲突片段）、服务韧性评估报告（含容错改进计划）。

↻ **学习锦囊**

（1）画系统图要"连点成线"——找到要素间的隐秘关联。

（2）角色扮演是"善意破坏"——越"挑刺"越接近完美。

（3）记住：最好的服务系统像空气——无处不在却不觉存在。

2.4.2　服务价值：量化与传播

↻ **任务目标**

运用 RATER 模型评估旅游服务质量，通过"明日头条"传播服务创新价值。

↻ **任务分析**

（1）核心工具：RATER 模型、明日头条（Tomorrow's Headlines）。

（2）评估维度：可靠性、保证性、有形性、同理性、响应性。

↻ **任务操作**

1. RATER 模型：旅游服务体检仪

［情景导入］

某 5A 景区在在线旅游服务平台获 4.8 分，但实地暗访发现厕所排队超 20 分钟、导览标识错误频出。问题本质：量化评估与真实体验脱节。如何破局？使用 RATER 模型可以帮助你穿透数据迷雾。

［工具认知］

RATER 模型是一种用于测量服务质量的工具，它将服务质量分为可靠性（Reliability）、保证性（Assurance）、有形性（Tangibles）、同理性（Empathy）和响应性（Responsiveness）五个关键维度。这些维度共同决定了用户对服务的满意度和忠诚度（表 2-28）。

表 2-28 RATER 模型的五大维度与指标

维度	关键指标	国内旅游场景示例
可靠性	服务承诺兑现率、系统故障率、信息准确性	酒店实际房型与在线旅游服务平台描述的一致性
保证性	员工专业资质认证率、安全事件处理合规性	景区急救人员持证率及自动体外除颤器覆盖率
有形性	设施维护完好率、视觉标识清晰度、环境舒适度	高铁车厢座椅清洁度、车站导向牌双语覆盖率
同理性	个性化服务提供率、特殊需求响应完备性	亲子酒店提供婴儿床＋温奶器的及时性
响应性	问题首次响应时长、服务恢复时效	旅游平台客服处理退订投诉的平均时长

（1）核心价值。

1）多维诊断：精准定位服务短板（如景区购票系统可靠性不足）。

2）体验量化：将主观感受转化为可衡量的指标（如响应速度的秒级标准）。

3）对标改进：通过行业基准对比明确优化方向（如酒店服务与同类竞品的保证性差异）。

（2）进阶应用工具。

1）动态权重调整：节假日自动提高响应性权重（如春运期间交通票务服务）。

2）与 KANO 模型结合：识别可靠性为基本型需求，同理心为兴奋型需求。

通过 RATER 模型的系统应用，可验证结构化服务质量评估工具的商业价值。

[操作步骤]

（1）数据采集与权重分配。

1）定量数据：通过埋点监测（如 App 操作时长）、IoT 设备（如景区闸机通行速度）。

2）定性数据：用户访谈、在线评论情感分析（如"导游不耐烦"属于同理心缺失）。

3）权重设定：根据行业特性分配维度权重（如高端酒店同理心占 30%，经济型酒店可靠性占 40%）。

（2）多维评分与差距分析。采用 5 分制量表，评估各指标表现，对比用户的期望值与实际感知值。

（3）优先级矩阵构建。根据差距值和改进成本确定优化顺序（图 2-13）。

高差距—低成本 紧急优化区（如景区Wi-Fi覆盖）	高差距—高成本 战略投资区（如全流程数字化改造）
低差距—低成本 维持区（如纪念品包装）	低差距—高成本 观察区（如AR导览开发）

图 2-13 RATER 模型优先级矩阵

（4）闭环改进与监测。制订 SMART 改进计划。

示例：目标，将酒店入住办理响应速度从 8 分钟缩短至 3 分钟（可靠性＋响应性）；措施，部署自助 Check-in 机＋身份证扫描 OCR 系统；监测，通过摄像头排队时长分析＋用户满意度回访。

民宿服务质量优化

问题发现：响应性得分最低（3.2 分 /5 分）。

改进方案：上线"一键管家"智能应答系统，并设置 15 分钟服务响应承诺。

微课链接
服务质量管理

 思考辨析

如何平衡数据真实性与传播需求?

矛盾场景：RATER 评估暴露严重缺陷但需正面宣传。

解析思路：采用"问题—改进—成果"渐进式传播，设立"服务进化日志"专栏。

拓展阅读
海鳗云满意度模型
及其服务成效

2. 明日头条：价值传播加速器

[情景导入]

某古镇投入千万打造沉浸式夜游，旅游者量却未达预期。问题根源为价值传播失效。如何破局？明日头条用新闻思维重构传播逻辑。

[工具认知]

明日头条（Tomorrow's Headlines）是一种用于预测和规划未来服务趋势的工具，它通过模拟未来可能出现的新闻头条，帮助设计师和决策者提前识别潜在的市场机会与挑战，从而优化服务设计和策略。这种方法强调前瞻性思维，鼓励团队从未来的视角审视当前的服务设计（表 2-29）。

表 2-29　明日头条的评估指标

维度	关键指标	国内旅游场景示例
颠覆性	对现有服务模式的挑战程度（1～5 分）	"2030 年九寨沟实行碳配额入园制"→4.8 分
可行性	技术 / 政策实现可能性（基于 Gartner 曲线阶段评估）	"2027 年 AI 导游覆盖全国 4A 景区"→成熟期技术
用户共鸣度	目标人群需求匹配度（通过焦点小组投票）	"银发族专属长城无障碍云游览"→92% 支持率

（1）核心价值。

1）趋势预判：通过设定未来场景（如 2030 年），倒推当前需布局的服务能

力（如元宇宙导游）。

2）突破思维惯性：用新闻标题的"既成事实"口吻，消解团队对激进创意的质疑（如"AI取代传统导游"）。

3）风险对冲：识别潜在危机并提前设计应对策略（如气候难民潮对景区承载力的冲击）。

（2）核心理念。

1）未来即现在：虚构标题需具备技术可行性（如5年内可实现的脑机接口导览）。

2）冲突即机会：标题应包含颠覆性矛盾（如"黄山景区因旅游者短缺关闭索道"）。

（3）进阶应用工具。

1）与情景规划结合：为每个头条设计3～5种分支情景（如政策开放/保守）。

2）引入预测市场机制：用虚拟币对头条实现概率进行众包预测（如"碳配额入园制"概率押注）。

通过"明日头条"方法，提前布局数智文旅游系统，验证前瞻性服务设计工具的实践效能。

[操作步骤]

（1）明确目标：确定"明日头条"分析的目标和范围。

（2）趋势研究：通过市场调研、数据分析等方式收集未来趋势信息。

（3）用户研究：通过访谈、问卷等方式收集用户对未来服务的期望和需求。

（4）头脑风暴：组织团队进行头脑风暴，模拟未来可能出现的新闻头条。

（5）情景规划：基于模拟的新闻头条，规划未来的服务场景和策略。

1）爆款标题炼金术。通过悬念式（数字冲突）、共情式（痛点解决）、权威式（背书加持）提炼爆款标题。

2）故事化叙事结构。运用导语（数据锚点）、场景（用户证言）、幕后（技术突破）和展望（可持续影响）结构故事化叙事。

3）全渠道传播矩阵。利用微信（深度图文）、抖音（剧情短片）和微博（话题互动）等平台搭建全渠道传播矩阵。

（6）风险评估：评估未来可能面临的风险和挑战，制定应对策略。建构机会—风险矩阵，将头条按颠覆性与可控性分类，制定应对策略（图2-14）。

高颠覆—高可控 优先投资区 （如AR导游眼镜）	高颠覆—低可控 监测预警区 （如极端气候移民）
低颠覆—高可控 渐进优化区 （如智能垃圾桶）	低颠覆—低可控 忽略区 （如外星旅游）

图2-14　明日头条机会—风险矩阵

（7）实施监测：实施未来服务策略，并持续监测其效果。选择 1～2 个高价值头条，转化为可验证的最小可行产品（MVP），进行服务原型设计。示例：针对"数字分身导游"头条，开发景区 AR 角色互动样例。

故宫数字文物库传播战

传播亮点：

（1）标题：《足不出户！把故宫珍宝"搬"回家》

（2）内容：10 万件文物高清影像免费开放，教师王女士："带学生云端触摸国宝"，采用区块链存证技术保障版权，计划接入元宇宙展览。

成效：全球访问量破亿，获联合国教科文组织创新奖

微课链接
服务品牌塑造与传播

思考辨析

文化敏感性问题

典型问题：民族特色表演被指过度商业化。

参考方案：建立文化顾问委员会审核机制、开发"文化解码"教育模块。

拓展阅读
传播学 SCQA 模型

➲ 实训工单

任务名称：校园开放日旅游产品价值传播

操作步骤：

（1）RATER 评估：设计旅游者体验评估问卷。

（2）痛点分析：基于数据生成服务短板雷达图。

（3）头条创作：撰写《百年校园变身网红打卡地》。

（4）传播设计：制作 15 秒短视频分镜。

交付成果：RATER 问卷（包含 5 个定制题项）、服务短板改进方案（针对最低分维度）、头条稿件（需包含学生志愿者故事）、短视频分镜脚本（标注 3 个记忆点）。

➲ 学习锦囊

（1）评估要"用脚丈量，用脑分析"——走出办公室观察真实服务场景。

（2）传播记住"三感法则"——获得感、新奇感、参与感。

（3）最高明的传播是让旅游者成为你的代言人。

参 考 文 献

［ 1 ］ 谢彦君 . 基础旅游学［M］. 4 版 . 北京：商务印书馆，2015.

［ 2 ］ 谢彦君 . 旅游体验研究：一种现象学的视角［M］. 北京：中国旅游出版社，2017.

［ 3 ］ 邹统钎 . 善行旅游：遗产旅游理念与行为准则［M］. 北京：旅游教育出版社，2016.

［ 4 ］ 胡飞 . 服务设计：范式与实践［M］. 南京：东南大学出版社，2019.

［ 5 ］ 舒伯阳 . 旅游体验设计［M］. 北京：中国旅游出版社，2020.

［ 6 ］ 孙小龙 . 旅游体验要素研究：从瞬间愉悦到永恒美好［M］. 北京：旅游教育出版社，2019.

［ 7 ］ 王国胜 . 服务设计与创新［M］. 北京：中国建筑工业出版社，2014.

［ 8 ］ 张淑君 . 服务管理［M］. 3 版 . 北京：中国市场出版社，2021.

［ 9 ］ 刘星 . 服务设计：创造与改善服务体验［M］. 北京：中国建筑工业出版社，2022.

［10］ 王祥，李亦文 . 服务设计［M］. 北京：化学工业出版社，2022.

［11］ 许义 . 新旅游：重新理解未来 10 年的中国旅游［M］. 北京：中国旅游出版社，2021.

［12］ 雅各布 · 施耐德，马克 · 斯迪克多恩 . 服务设计思维：基本知识 – 方法与工具 – 案例［M］. 郑军荣，译 . 南昌：江西美术出版社，2015.

［13］ 马克 · 斯蒂克多恩，马库斯 · 霍梅斯，亚当 · 劳伦斯，等 . 这才是服务设计［M］. 吴海星，译 . 北京：人民邮电出版社，2022.

［14］ 迈克尔 · 勒威克，帕特里克 · 林克，拉里 · 利弗 . 设计思维手册：斯坦福创新方法论［M］. 高馨颖，译 . 北京：机械工业出版社，2020.

［15］ 乔恩 · 亚布隆斯基 . 用户体验定律：简单好用的产品设计法则［M］. 胡晓，译 . 北京：人民邮电出版社，2023.

［16］ 罗伯特 · 罗斯曼，马修 · 迪尤尔登 . 最佳体验［M］. 常星宇，盛昕宇，林龙飞，译 . 北京：电子工业出版社，2021.